天工開物

龍逸　編著
傅舫　繪

古代生活中的科技

中華教育

序 掌握一門技術

　　《天工開物》是中國第一本農業和手工業的百科全書。內容豐富，包羅萬象，但文字脫離現在的語境，不適合孩子閱讀。愛國的前提是了解國情，這些古代科技著作，孩子們有興趣了解，也有必要讓他們了解。只有這樣，他們才能理解中國古人的智慧，激發他們對國家和民族的認同感。

　　於是，這本少兒版的《天工開物》繪本應運而生。

　　本書作者既忠實於原著，又求教於專家，用通俗易懂的文字、清晰的技術步驟，準確還原這些技術。繪者抓住技術核心，細緻描摹刻畫，以求再現當時的場景。為適應時代，在每一類技術的最後，還介紹了這些領域的延伸知識及現代科技的進展。

　　《天工開物》中的技術，本質上都是為了滿足人的物質生活和精神生活的需要。每個人生活在這個世界上，都離不開衣食住行。為了滿足「衣」的需求，就要種棉花、種桑養蠶、紡織印染。開門七件事，柴、米、油、鹽、醬、醋、茶。為了滿足「食」的需求，就要掌握小麥和水稻的種植，米麵的加工，食鹽、糖、油、酒等食品原料的生產。為了滿足「住」的需求，就要燒製磚瓦、煅燒石灰、加工木材等建築材料。為了滿足「行」的需求，就要建造輪船和車子。此外，戰爭產生了對兵器和火炮的需求。文化教育和文明傳承，需要筆墨紙硯、琴棋書畫，以陶冶情操。人們對健康和美的追求，又產生了對醫藥、珠寶和

化妝品的需求。造紙術、印刷術、指南針、火藥——中國古代四大發明，其實都是技術。端硯、湖筆、宣紙、徽墨、蘇繡、剪紙等非物質文化遺產，則是技術和藝術的結合。可以看出，《天工開物》中的技術，本質上都是為了滿足人的物質生活和精神生活的需要。

我是20世紀70年代出生的人，在家鄉的同齡人中，只要沒考上大學，家長就會讓他們學一門技術，要麼是木匠、泥瓦匠、理髮匠、裁縫等比較大眾化的，要麼是稍微冷門一些的銅匠、油漆匠、篾匠等。長輩們總是告誡我們說，三百六十行，行行出狀元。一門技術就是養家餬口的本錢，是我們在社會上安身立命的基礎。

時代變了，這些農耕時代的技術有些已經過時，我們也不再像以前師傅帶徒弟那樣拜師學藝，而是進入職業學校進行專業化訓練，以適應流水線工廠化的大工業時代。但是，我們在生活中，仍然會遇到電燈不亮、水龍頭漏水、電線短路、下水道堵塞、家具壞了等情況，這就需要我們掌握一些簡單的維修技術。學一些技術，就是學基本的生存技能。

科學認識世界，技術改造世界。今天的中國，經濟快速發展，科技日新月異。高速鐵路、移動支付、共享經濟、網絡購物，方便了人們的生活，被稱為新時代的四大發明。鋼鐵、水泥、石化、紡織、小商品，體現出中國製造業實力雄厚。高樓大廈、公路橋樑、港口碼頭，中國的基建實力讓全世界讚歎。但是，支撐中國成為「世界工廠」和「基建大國」的，仍然是水電、釬焊、設計等各種技術。

學科學、愛科學、用科學。未來的中國會成為甚麼樣，只要看看現在的孩子在追求甚麼就知道了。掌握一門技術，應該成為每一位有理想的青少年學生追求的目標。

愛你們的火星叔叔：鄭永春

中國科學院國家天文台研究員、中國科普作家協會副理事長

前言

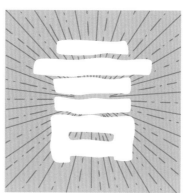

　　在介紹這樣一本書之前，我們想給讀者介紹兩個詞語：一是「巧奪天工」，當我們形容一樣東西做得非常精美的時候，就會讚歎一句「巧奪天工」；二是「開物成務」，意思是通曉事物的道理，並獲得成功。

　　聰明的讀者可能猜出來了，將上面兩個詞語中的兩個字組合起來，就是《天工開物》這本書名字的由來。

　　《天工開物》在中國乃至世界科技史上具有獨特地位。中國著名科技史專家潘吉星先生評論說：「在中國的歷史上，把農業和手工業三十個部門的技術綜合在一起加以研討，並配備大量插圖，只有《天工開物》一書而已。」英國著名科技史家李約瑟非常推崇作者宋應星，稱讚他可以和法國18世紀的啟蒙思想家、《百科全書》的編纂者狄德羅相媲美。

　　早在近四百年前，就有了這樣一部著作，真令人驚歎。19世紀時，法國漢學家儒蓮將它譯介到歐洲，從此馳名海外。若打算了解中國古代的科技文明，特別是技術文明，《天工開物》首當推薦。因此，我們把這樣一本有特殊意義的古代著作，以通俗的語言、手繪的方式呈現給孩子們，讓他們了解中國悠久並富有特色的古代科技文明。

本書的編排，參考了潘吉星先生的《天工開物譯註》。該譯註本權威、可靠，我們以之為基礎，將《天工開物》中具有代表性的、容易為孩子所理解的內容，用曉暢、風趣的語言表達出來，用富有感情而靈動的手繪插畫展示出來，並附有一些與原書內容相對應的相關知識或現代技術作為延伸。這樣既能洞穿歷史又能腳踏現實，讓孩子在對比中認識中國古代勞動人民的聰明才智。

特別感謝中國科學院自然科學史研究所史曉雷副研究員、中國科普作家協會原副理事長陳芳烈先生對本書的知識性、通俗性提出的寶貴意見。他們在審稿過程中不遺餘力地核實文獻、提出修改意見，保證了本書在低齡化、繪本化過程中保持科學性和趣味性。同時，感謝北京市科協科普創作出版資金的資助，以及資金評審專家的支持。

我們希望有一天，中國的強大、中國夢的實現，伴隨着我們對祖先記憶的喚醒，傳承着我們偉大先民的智慧，讓我們每一個人的腦海裏，都有着中華民族生生不息的靈魂。

目錄

吃飯自然是天底下第一重要的事。人能活下去，是因為不斷地攝入糧食滋養自己，而糧食需要有人去種植。因此，我們的第一章，就從怎麼種植糧食開始。

第一章

乃粒

（穀物）

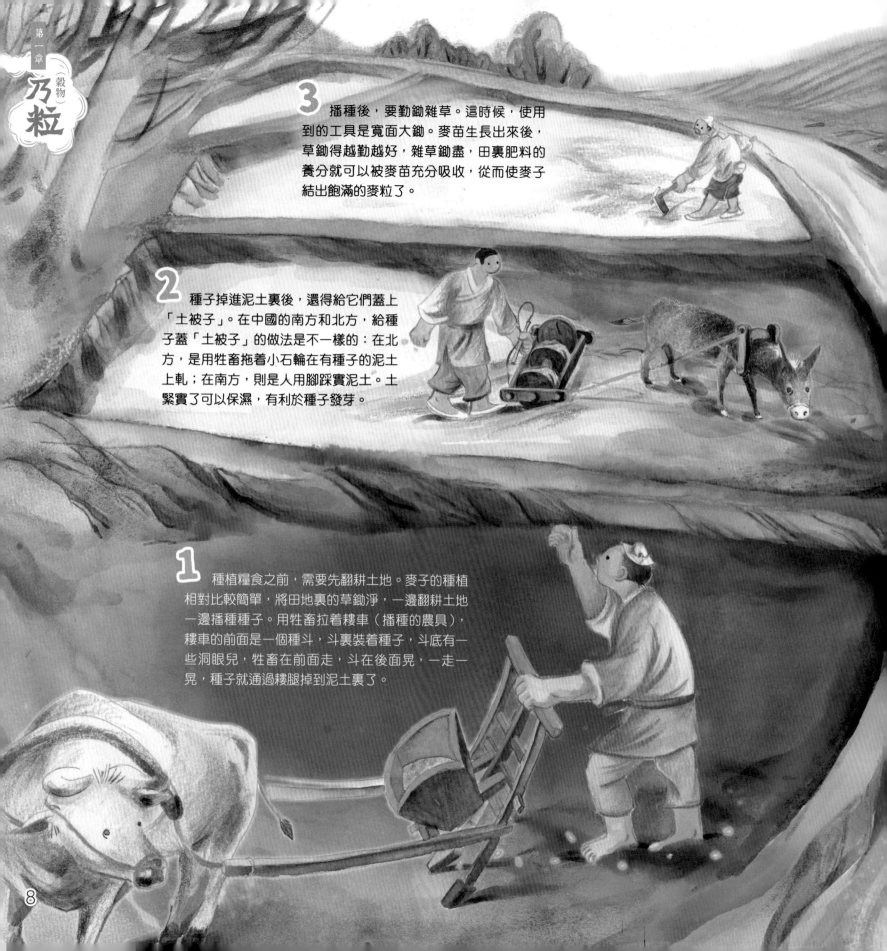

3 播種後，要勤鋤雜草。這時候，使用到的工具是寬面大鋤。麥苗生長出來後，草鋤得越勤越好，雜草鋤盡，田裏肥料的養分就可以被麥苗充分吸收，從而使麥子結出飽滿的麥粒了。

2 種子掉進泥土裏後，還得給它們蓋上「土被子」。在中國的南方和北方，給種子蓋「土被子」的做法是不一樣的：在北方，是用牲畜拖着小石輪在有種子的泥土上軋；在南方，則是人用腳踩實泥土。土緊實了可以保濕，有利於種子發芽。

1 種植糧食之前，需要先翻耕土地。麥子的種植相對比較簡單，將田地裏的草鋤淨，一邊翻耕土地一邊播種種子。用牲畜拉着耬車（播種的農具），耬車的前面是一個種斗，斗裏裝着種子，斗底有一些洞眼兒，牲畜在前面走，斗在後面晃，一走一晃，種子就通過耬腿掉到泥土裏了。

4 水稻的種植要從翻耕上一年已經收穫過的田地開始。稻子收割後，稻茬（稻子收割完留在土中的根莖部分）通常就留在稻田裏了。因此，下一年播種前要先翻耕稻田，使稻茬腐爛，這樣稻田就能得到很好的肥料。有些勤快的農民伯伯還要翻耕第二遍、第三遍……

5 翻耕過的田地，再用牲畜拉着像梳子一樣的釘齒耙來耙一遍，使土質變得鬆軟，這樣施於其中的肥料養分就能均勻地分散開來。

6 接下來，要在稻田裏插上秧苗。秧苗插上後，很快就會長出新葉來。這時，需要為新生的「苗寶寶」除雜草了。農民伯伯手裏拿着木棍，用腳把泥糊在稻禾根上，並且把冒出來的小雜草踩進泥裏，使其無法生長。

7 有些雜草長得和「苗寶寶」很像，農民伯伯必須彎下腰，用眼睛仔細分辨，用手細細摸摸，才能確定哪些是雜草，哪些是「苗寶寶」。只有除淨了雜草，秧苗才會長得更加茂盛。

8 五穀之中，水稻是最愛喝水的。如果天不降雨，就要想辦法引水澆灌。住在江河邊的人們，一般使用筒車來灌溉。先築個堤壩來阻擋被引來的水流，使水流經過筒車的下部，沖擊筒車的水輪使之旋轉，並將水引入筒內。這一筒筒的水隨着筒車轉至上方時，便會被倒進引水槽中，然後經導流進入田裏。

9 在沒有流水的湖邊或池塘邊，人們也有辦法。有的使用畜力拉動轉盤，進而帶動水車引水；有的幾個人一齊踩踏水車，使之轉動來引水。水車內用龍骨連接一塊塊串板，籠住一格格的水使它們向上逆行。

10 在淺水池或小水溝中，如果安放不下長水車，可以使用拔車。一個人雙手握住水車的搖把迅速轉動，一天的工夫就能澆灌不少田地。

11 還有利用槓桿原理從深井裏取水的，不過效率很低。

11

今天的水稻種植

無論是古代還是現代，大米都是我們主要的糧食，一米一粟皆來之不易，我們應當珍惜糧食，養成勤儉節約的好習慣。雖然很多人每天都在吃米飯，但他們從來沒有見過水稻，也不知道水稻是怎麼種植的。下面，我們就來看看現代水稻是怎麼種植的吧！

1 水稻的生長是從種子萌發開始的。種子吸水膨脹後就會發芽，然後將芽種播撒到苗牀上，蓋上土，給足水，再給它們蓋上一層薄薄的「地膜」外衣（覆蓋農作物的塑膠薄膜），使土壤保持一定的溫度和水分，待其長苗。

2 和古代一樣，現代耕種也需要用農具先翻耕好農田，不過，現在人們使用的是現代機械化農具。當秧苗長到一定高度的時候，就可以將它們移栽到田地裏了。

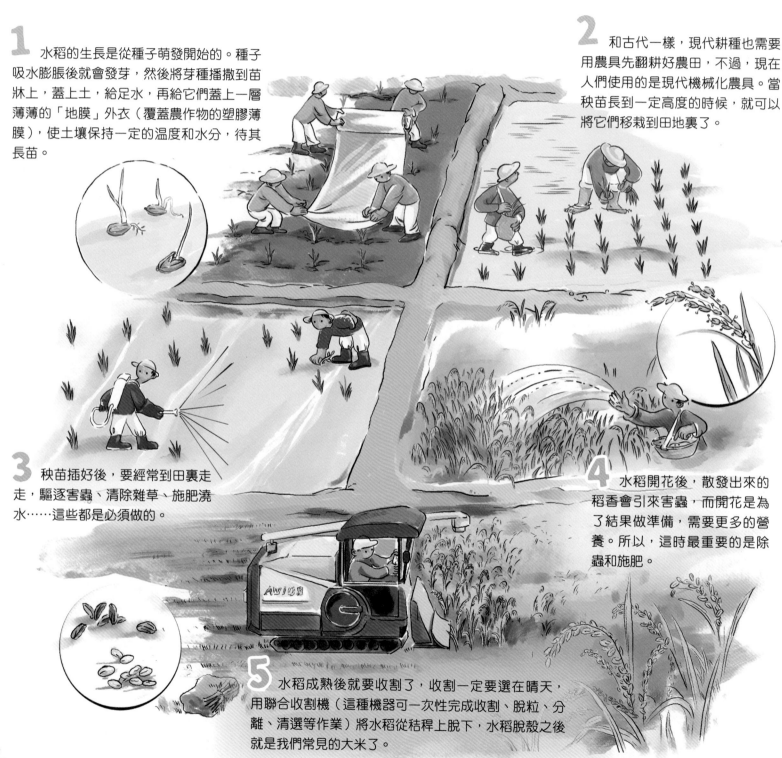

3 秧苗插好後，要經常到田裏走走，驅逐害蟲、清除雜草、施肥澆水⋯⋯這些都是必須做的。

4 水稻開花後，散發出來的稻香會引來害蟲，而開花是為了結果做準備，需要更多的營養。所以，這時最重要的是除蟲和施肥。

5 水稻成熟後就要收割了，收割一定要選在晴天，用聯合收割機（這種機器可一次性完成收割、脫粒、分離、清選等作業）將水稻從秸稈上脫下，水稻脫殼之後就是我們常見的大米了。

自然界中生長的各種穀物為人類提供了食物，使我們生生不息。五穀中的精華和美好，都包藏在金黃色的穀殼裏。稻穀以糠皮為殼，麥子以麩皮為外衣，粟、粱、黍、稷的種子和果實隱藏在「毛羽」（即羽片狀的外殼）之中。人們通過揚簸和碾磨等工序將穀物粗糙的外殼去掉，加工成精白的米和麵。

講究飲食的人們，都希望把糧食加工得越精細越好。那些發明了許多工具，從粗糙的穀物中得到精白乾淨的食物的人，可真是了不起呢！

第二章

粹精

（米麵）

1 稻子收割之後，就要將穀粒從稻稈上脫下來。一般有兩種脫粒的方法：一種是手握稻稈在木桶裏或石板上摔打；一種是把稻子鋪在曬場上，用牛拉着石磙在稻子上碾壓。用牛拉石磙在曬場上碾壓稻穀，要比手工摔打省力很多。

2 碾壓稻穀，可能會把種子壓壞而不能發芽，所以南方種植水稻較多的人家，雖然大部分稻穀都是通過牛力脫粒的，但留作種子的稻穀，還是會選擇在石板上摔打脫粒。

6 稻穀用䃺磨過以後，要用風車吹去細碎的外殼，然後倒進篩子裏仔細過篩，未破殼的稻穀便會浮到篩面上來，再將其倒入䃺中進行加工。

5 木䃺

木䃺這種工具是鋸下一根原木加工成磨盤形狀，兩扇都鑿出縱向的斜齒，下扇安一根軸穿進上扇，將上扇中間挖空，以便稻穀能從孔中注入。

4 土䃺

土䃺這種工具是先做一個竹子編織的筐，中間用乾淨的黃土填充壓實，上下兩扇都鑲上竹齒，上扇安個竹篾漏斗用來裝稻穀。稻穀從上扇用竹篾圍成的孔中注入。

3 接下來，就要給穀粒去除穀殼了，這道工序用到的工具是䃺（音同「龍」）。䃺有兩種，一種是土䃺，一種是木䃺。

15

8 水碓是山區臨河而居的人們創造的。用它來加工稻穀，要比人工省力許多。利用水力帶動水碓和利用筒車澆水灌田的方法相似。放置多少臼是沒有定量的，流水量小且地方狹窄，就放置兩三個臼；流水量大且地方寬敞，並排放置十個臼也不成問題。

7 稻穀篩過以後，將其放到石頭做成的臼裏舂搗。人口多的人家，一般是在地上挖坑埋石臼，再用一根長木做成類似蹺蹺板一樣的東西，腳踩踏橫木的一端，裝有重石的另一端就會抬起；腳一鬆，抬起的另一端就會砸進臼裏把米搗碎。人口少的人家，就用木杵手動舂搗，反覆舂搗之後，米就變得精白且細碎了。

16

9 小麥和稻穀的脫粒方法一樣，要先洗淨、曬乾。一般使用牲畜拉磨的方法磨小麥，小麥多的時候也會用水磨。與水碓的原理一樣，水磨是利用水流帶動磨盤，水磨的效率要比牲畜的效率高。用水磨磨麵，要在磨的上方懸掛一個上寬下窄的袋子，裏面裝上小麥，使其能夠慢慢地自動滑入磨眼。

10 豆類收穫後，人們一般用打豆的方式使其脫粒。打豆的工具叫作連枷，用竹竿或木杆做柄，柄的前端鑽個圓孔，再拴上一根長木棒。把豆株鋪在場上曬乾，手執枷柄甩打。豆打落後，用風車搧去莢葉，再篩過，就可得到飽滿的豆粒了。

11 北方加工小米，會在家裏安置一個石碾，中間高，周邊低，邊沿不開槽。碾時，把小米鋪在石碾上，兩人面對面，相互用手交接石碾來碾壓。小米落到石碾的邊沿時，就隨手用小掃帚掃進去再碾。

小麥的華麗變身

包子、饅頭、麵條，以及蛋糕等食物都離不開麵粉。現代的麵粉是怎麼做的呢？與古代相比，那就簡單得太多了，因為工作都是機器完成的呀！

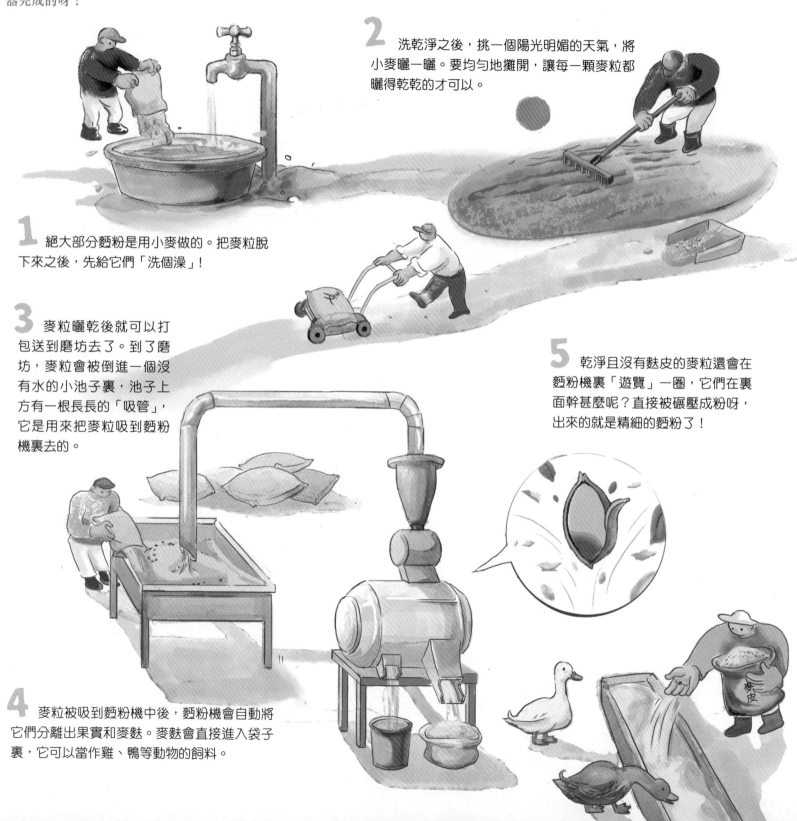

1 絕大部分麵粉是用小麥做的。把麥粒脫下來之後，先給它們「洗個澡」！

2 洗乾淨之後，挑一個陽光明媚的天氣，將小麥曬一曬。要均勻地攤開，讓每一顆麥粒都曬得乾乾的才可以。

3 麥粒曬乾後就可以打包送到磨坊去了。到了磨坊，麥粒會被倒進一個沒有水的小池子裏，池子上方有一根長長的「吸管」，它是用來把麥粒吸到麵粉機裏去的。

4 麥粒被吸到麵粉機中後，麵粉機會自動將它們分離出果實和麥麩。麥麩會直接進入袋子裏，它可以當作雞、鴨等動物的飼料。

5 乾淨且沒有麩皮的麥粒還會在麵粉機裏「遊覽」一圈，它們在裏面幹甚麼呢？直接被碾壓成粉呀，出來的就是精細的麵粉了！

麥皮

人們常說的「五味」，就是指酸、甜、苦、辣、鹹。在這五種味道中，酸、甜、苦、辣長期缺少其中任何一種，對人的身體都沒有多大影響。唯獨味鹹的鹽，人如果幾天不吃，就像得了重病一樣，渾身虛弱無力。所以說，鹽在人們的生活中是必不可少的。

在中國遼闊的大地上，不管是偏遠的邊疆還是荒蕪的沙漠，人們都會想方設法地製鹽，因為這是一件關乎民生的大事。

第三章

（食鹽）

作鹹

2 第二天早上，地面的濕氣很重，灰下已經結滿了鹽茅（即鹽的結晶）。等到霧散天晴，曬了一上午後就可以將灰和鹽一起掃起來，拿去淋洗和煎煉了。

1 海水很鹹，正是因為它本身就含有鹽分，所以聰明的人類就從海水中取鹽。取鹽的方法有好幾種，最主要的一種是曬取。也有一種「種鹽」的方法，選擇一塊潮水沖刷不到的高地，如果人們估測明天會出太陽，那今天就將麥稈灰、蘆茅灰等遍地撒上、壓緊並鋪均勻。

3 掃起來的鹽或直接曬出來的鹽可不乾淨，要先給它們「洗個澡」。首先要挖一淺一深兩個坑，在淺坑上面做一個木架子，在架子上鋪放蘆蓆，將需要「洗澡」的鹽鋪在蘆蓆上面，四周堆得高些，像堤壩一樣。接着用海水沖刷，鹽水就可以經過蘆蓆，經過淺坑，再進入深坑，等待下一步的煎煉了。

4 煎鹽要用上一個叫作牢盆的工具。牢盆既有用鐵做的，也有用竹子做的。在牢盆下面燒上柴火，「洗過澡」的鹽水進入牢盆後不停地被大火煮着。水分不斷蒸發。牢盆裏留下的凝結的白色固體，就是鹽。

21

5 遠離海邊的人們怎麼才能得到鹽呢？這就要靠池鹽了。一般的湖水是可以直接飲用的，但如果湖水鹹鹹的，說明它是可以製鹽的鹹水湖。

6 先挖一個深池，將鹹水湖的湖水引入，再在池旁挖一條條淺溝，把池內的湖水引入溝中。要是天氣好、日光足，溝裏的水一個晚上就能凝結成鹽。

7 如果既遠離大海又遠離鹹水湖，怎麼辦呢？還有一個地方藏着鹽，那就是深深的地下，人們會挖一口深井專門用來取鹽。

8 鹽井的口徑並不大，夠一根竹竿能上上下下打水就行了，但必須要深，否則取不到含鹽的地下水。

9 鹽井打水使用的是竹竿，將竹子內的節打通，只保留最底下的一節。在竹節的下端裝一個單向閥門，依靠水的壓力，竹竿進入水中的時候閥門打開，提起來的時候閥門關閉，鹽水就可以保留在竹竿中了。井邊的人將長繩的一頭固定在轉盤上，牛拉動轉盤將竹竿提上來，打開竹竿下端閥門，即可得到鹽水。將鹽水倒進鍋裏煎煉，就能凝結成雪白的鹽了。

海水製鹽而得味

　　鹽在人們生活中太重要了，人的身體需要鹽，而且沒有它，再好的食材也淡而無味。在中國的一些南方城市，連吃水果也要蘸一點兒鹽。但是過多攝入鹽分會給人造成傷害，我們一定要飲食均衡、健康搭配。那麼，在需求量巨大的現代，鹽又是怎麼製作的呢？

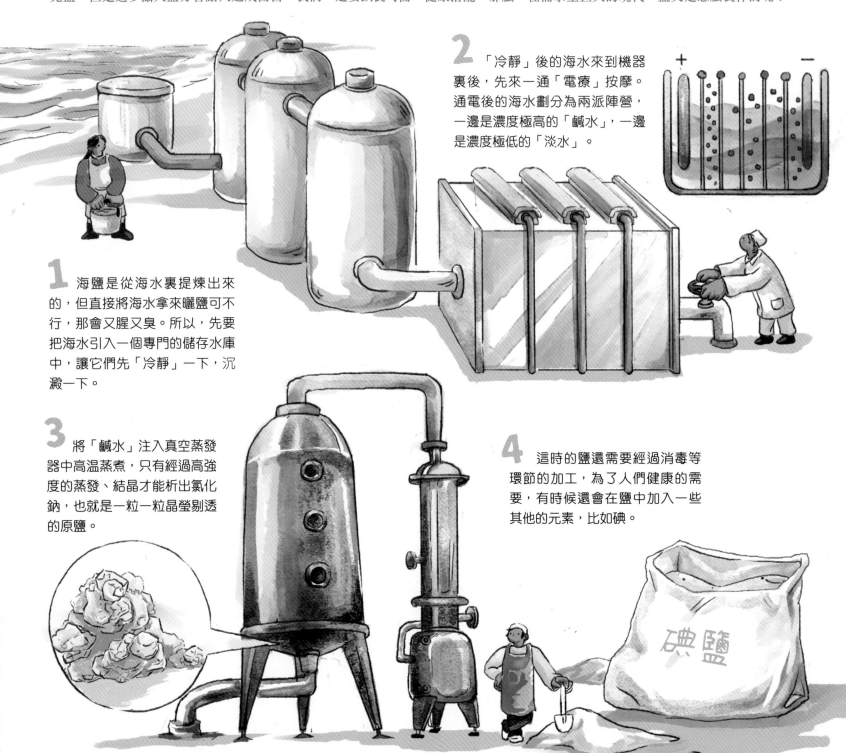

2 「冷靜」後的海水來到機器裏後，先來一通「電療」按摩。通電後的海水劃分為兩派陣營，一邊是濃度極高的「鹹水」，一邊是濃度極低的「淡水」。

1 海鹽是從海水裏提煉出來的，但直接將海水拿來曬鹽可不行，那會又腥又臭。所以，先要把海水引入一個專門的儲存水庫中，讓它們先「冷靜」一下，沉澱一下。

3 將「鹹水」注入真空蒸發器中高溫蒸煮，只有經過高強度的蒸發、結晶才能析出氯化鈉，也就是一粒一粒晶瑩剔透的原鹽。

4 這時的鹽還需要經過消毒等環節的加工，為了人們健康的需要，有時候還會在鹽中加入一些其他的元素，比如碘。

碘鹽

芬芳馥郁的氣味、濃豔美麗的顏色、甜美可口的滋味，人們總是無法抵擋糖的這些誘惑。不管是牙牙學語的小孩兒，還是穩重成熟的大人，甚至是歷經人世滄桑的老人，心底總有一絲關於「甜」的美好的回憶。

世界上的甜味，很大一部分來自甘蔗。那麼，人類是怎樣把甘蔗中的糖分變成生活中的甜味的呢？

第四章

甘嗜

（製糖）

2 接下來就是熬製了，往甘蔗汁中加入一定比例的石灰，再架起三口鐵鍋，呈「品」字形排列，然後將甘蔗汁集中舀進一口鍋中熬煮。在熬製的過程中，不斷從前一口鍋內舀出甘蔗汁放入後面的鍋裏，直到水分蒸發，第三口鍋裏就會熬出濃濃的糖漿。

1 甘蔗的壓榨需要用到糖車。糖車有點兒像個巨大的磨盤，牛拖着彎曲的長軸一圈圈地走，軸帶動下面的兩根大木柱滾動，把甘蔗放進兩柱之間，一壓而過，甜甜的汁水就出來了。這麼壓一次還不行，一根甘蔗往往要壓三四次，直到甘蔗汁壓盡了才算完。糖車下方有一個收集甘蔗汁用的水槽，可以把汁水導流進糖桶裏。

3 按照上面的方法，熬出來的糖漿是黑色的。那麼，糖是如何從黑色變成白色的呢？熬糖時要注意觀察甘蔗汁沸騰時的水花，當熬到水花像小珍珠一樣一個個往上冒時，就用手摸一下，如果粘手就說明已經熬好了。這時的糖漿還是黃黑色的，把它們盛裝在桶裏，讓它們冷卻、凝結成糖膏。

4 現在要請出瓦溜了。瓦溜上寬下尖，像一個大大的漏斗，底下留有一個小孔。先把瓦溜的小孔用草堵上，再把糖膏倒入瓦溜中。等糖膏凝固後，就拿掉塞在小孔中的草，從上面澆下起到脫色、除蜜作用的黃泥水。這時，黑色的糖漿就會被淋進缸裏，留在瓦溜中的就是白糖了。

5 將最優質的白糖加熱熬化，用蛋清澄清並去除表面的浮渣。將新鮮的青竹做成三厘米長的小篾片，撒入糖液之中。經過一夜之後，糖液就自然凝結成稍帶黃色的冰糖了。

6 勤勞的小蜜蜂也在為「甜」的味道做着貢獻，牠們採集百花而釀成的蜂蜜，成為很多人的心頭大愛。

7 要獲得蜂蜜，就得有蜜蜂釀蜜用的蜂房。蜜蜂先吸食花蜜，然後一點一滴積累成蜂蜜，香濃甘甜的蜂蜜就藏在蜂房裏。

8　人們會用長竿將位於深山崖壁上的野蜂蜂房刺破，讓蜂蜜流下來再採集。家養蜂釀的蜜，只需趕走蜜蜂，取出蜂房，再將蜂蜜慢慢熬製。無論是野蜂釀的蜜還是家蜂釀的蜜，最後都要經過過濾，這樣清澈透亮的蜂蜜就製好了。

最純粹的甜蜜

用甘蔗製糖從遙遠的古代流傳到了現代，即使現代技術已經非常先進了，人們卻依然忘不了那最原始、最純粹的甜蜜。

1 在提取甘蔗汁之前，需要先將棍子一樣的甘蔗撕裂，使它們變得更細、更方便提取汁水。

2 將變成細絲的甘蔗交給壓榨機。壓榨機裏有很多滾輪，經過這些滾輪的擠壓，甘蔗就會把它們甜甜的汁水全部都交出來。

3 壓榨出來的甘蔗汁夠甜，但不一定夠乾淨，所以需要澄清一下。首先要加熱甘蔗汁，然後在沸騰的甘蔗汁裏加入澄清劑，這時甘蔗汁裏的雜質就會被分離出來。去除雜質，保留清甘蔗汁，就可以去下一站了！

4 清甘蔗汁裏水分太多，甜度不夠，所以必須要經過蒸發去除水分。

5 去除了水分的甘蔗汁還要熬煮，煮出濃濃的糖膏。最後將它們放入低溫環境中，經過冷卻與乾燥後，就變成了可以食用的硬糖。

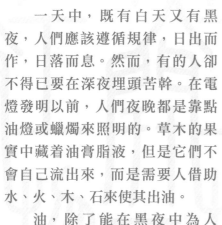

一天中，既有白天又有黑夜，人們應該遵循規律，日出而作，日落而息。然而，有的人卻不得已要在深夜埋頭苦幹。在電燈發明以前，人們夜晚都是靠點油燈或蠟燭來照明的。草木的果實中藏着油膏脂液，但是它們不會自己流出來，而是需要人借助水、火、木、石來使其出油。

油，除了能在黑夜中為人們照明之外，還有很多其他的用處，如潤滑車輪、修補船身、煎炒烹炸等。沒有油，大概許多事情都進行不下去。

第五章

膏液

（油脂）

1 許多植物都能用來榨油，花生、油菜、玉米、芝麻、橄欖……當然，它們的出油量和口感是有區別的。在古代，人們多用壓榨法進行榨油。

2 做榨具前，要先找到一根巨大的樟木，得有多大呢？它必須有一個成年人雙手合抱那麼粗。將樟木的中間掏空，用來存放需要壓榨的油料。然後在中空部分的底部開一個小槽，方便榨出的油流入盆中。最後還需要一根撞木，去撞擊油料間的木楔，利用擠壓作用把油「榨」出來。

3 榨具準備好了，就可以炒油料了。將蓖麻籽或油菜籽之類的油料放進鍋裏，用小火慢炒，炒出香氣時取出來，然後碾碎。碾成細細的粉末後，放入蒸鍋中蒸。當油料被蒸汽透足後取出，用稻稈或麥稈將其裹成厚厚的油餅。再用鐵絲或者竹篾箍緊，以確保不會散開撒落。

4 油餅的尺寸一定要和榨具中間挖空的尺寸相匹配。油餅全部包裹好之後，依次放入榨具中，揮動撞木把木楔打進去擠壓，油就像泉水一樣汩汩流出。

33

5 用烏桕子製作蠟燭的方法，起源於江西省的上饒。把乾淨的烏桕子放入蒸鍋中蒸。蒸好後倒入臼內舂搗，烏桕子核外包裹的蠟質全部脫落後，篩淨放入盤中再蒸，然後包裹入榨具榨取皮油。取烏桕子核內的仁榨出的水油很清亮，裝入小燈盞中，用一根燈芯草就可點燃到天明。

製水油

烏桕子外部的蠟質脫落後，裏面剩下的是黑籽。把黑籽放入不怕火燒的石磨中，石磨周圍放上炭火加以烘熱。磨破黑籽以後，再去除黑殼，剩下的便是白色的仁。將白仁碾碎蒸製之後，接着將其包裹入榨具榨取，得到的就是水油。

34

6 接下來，該用烏桕子蠟質榨出的皮油製作蠟燭了。將苦竹筒豎着劈成兩半，放在水裏煮漲後，用小竹篾圈起來，固定。把榨出的油灌入筒中，再放進燭芯。過一會兒待蠟凝固後，取下竹筒圈。打開苦竹筒，一支蠟燭就做成了。

7 另一種製作蠟燭的方法是把小木棒削成蠟燭模型，然後裁一張紙，捲在上面做成紙筒。將油灌入紙筒，等待蠟凝固，也能製成蠟燭。這種蠟燭無論風吹塵蓋，還是經歷四季交替，都不會變壞。

甩出來的橄欖油

　　現代人的食用油種類很多，僅植物油就有玉米油、花生油、芝麻油等等。這裏我們説一説被譽為「植物油皇后」，並且對健康十分有益的食用油——橄欖油的煉製過程。

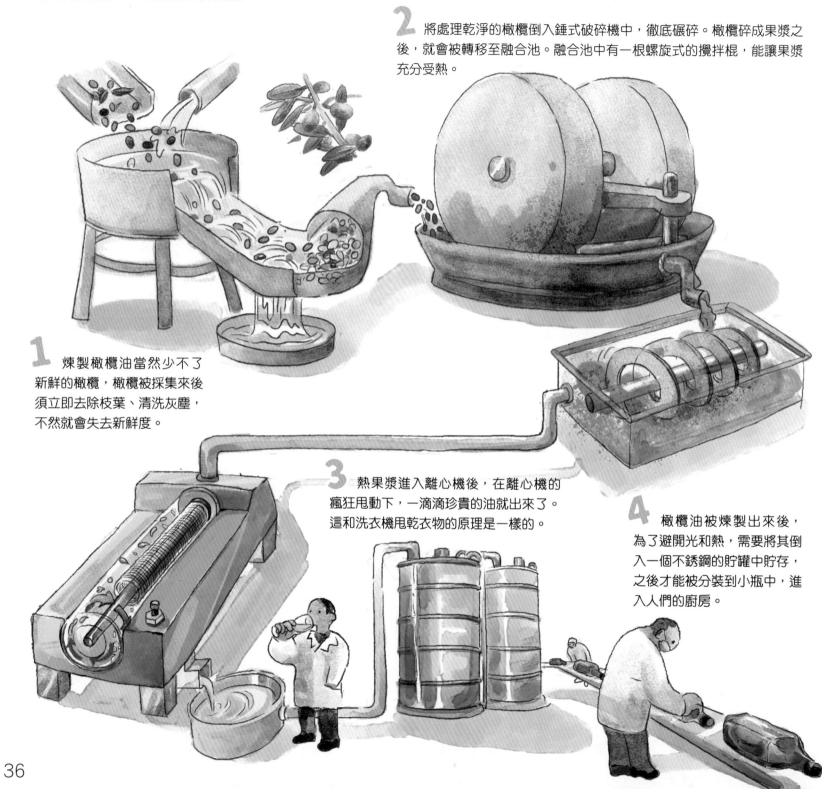

2 將處理乾淨的橄欖倒入錘式破碎機中，徹底碾碎。橄欖碎成果漿之後，就會被轉移至融合池。融合池中有一根螺旋式的攪拌棍，能讓果漿充分受熱。

1 煉製橄欖油當然少不了新鮮的橄欖，橄欖被採集來後須立即去除枝葉、清洗灰塵，不然就會失去新鮮度。

3 熱果漿進入離心機後，在離心機的瘋狂甩動下，一滴滴珍貴的油就出來了。這和洗衣機甩乾衣物的原理是一樣的。

4 橄欖油被煉製出來後，為了避開光和熱，需要將其倒入一個不銹鋼的貯罐中貯存，之後才能被分裝到小瓶中，進入人們的廚房。

人因為身份地位的不同，穿着打扮也會有所不同。古代尊貴的帝王穿着耀眼奪目的龍袍，窮苦的百姓穿着粗布麻衣。可無論穿着衣服的人身份是尊貴還是貧賤，衣服質地外觀是細緻華麗還是粗糙樸素，棉、麻、毛、絲……衣服的原料都來源於大自然。

取之自然，用於生活。大自然為人類提供衣物的原料的時候，可不知道它們會代表着貴與賤。人們身上的一絲一線，都是辛勤勞動的成果，來之不易，應加以珍惜。

第六章

乃服

（衣服）

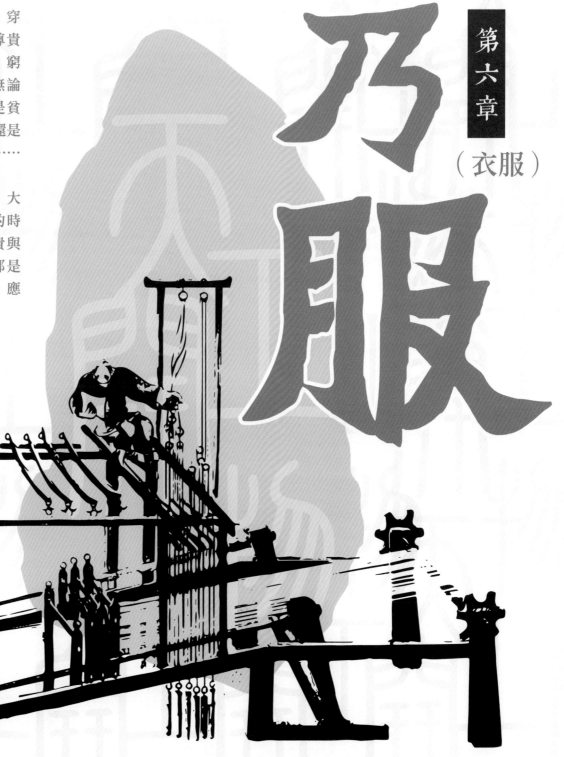

1 在蠶寶寶吐絲之前，先給牠們做一張溫暖的小牀吧！用薄薄的竹片編成一個大大的竹盤，然後將竹盤固定在一個木架子上，下面放幾個炭火盆，用溫熱的炭火烘烤着。再用竹籤綁幾座「小山」，住在「小山」上的蠶寶寶全身暖乎乎的，吐出的絲也是乾燥、溫暖且堅韌的。

3 在光線好的屋簷下立四根竹竿，在竹竿旁的柱子上方，固定一根斜着的小竹竿，上面裝一個半月形的掛鈎。把絲掛在掛鈎上，一頭繞在四根竹竿上，另一頭接在繞絲棒上。一拉一扯之間，絲就在繞絲棒上纏好了。

2 治絲（即繰絲，指整理蠶絲）時，先要將鍋內的水燒開，把蠶繭放進鍋中。當水滾沸的時候，用竹籤撥動水面，絲頭自然就會出現。將絲頭穿過針眼，再連接到繞絲輪上。同時在繞絲輪附近準備兩個炭火盆，將從開水鍋裏抽出來的絲立刻烘烤乾。

5 先在一根長長的竹竿上鑽出許多個洞，將它橫在高處。再用竹篾彎成環穿過竹竿洞，一根絲穿過一個竹篾環，再被繞到旁邊一個大大的「門」上。門框上設置了很多「關卡」，絲「過五關斬六將」，穿過一個又一個「關卡」，全部繞在經耙上。這時的絲最終捲在經軸上，只需要一雙靈巧的手，就能變身成好看的布料了。

4 絲在繞絲棒上繞好之後，先用水淋濕浸透，再搖動紡車將絲纏繞在小箭竹做的竹管上。

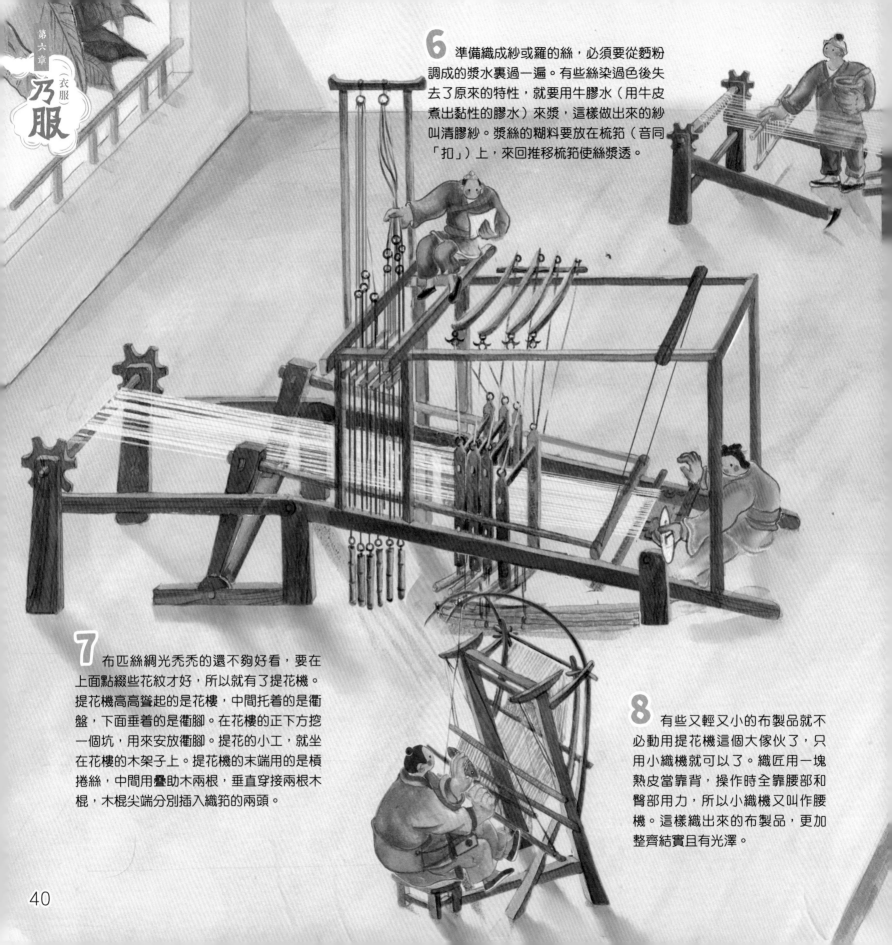

6 準備織成紗或羅的絲，必須要從麵粉調成的漿水裏過一遍。有些絲染過色後失去了原來的特性，就要用牛膠水（用牛皮煮出黏性的膠水）來漿，這樣做出來的紗叫清膠紗。漿絲的糊料要放在梳筘（音同「扣」）上，來回推移梳筘使絲漿透。

7 布匹絲綢光禿禿的還不夠好看，要在上面點綴些花紋才好，所以就有了提花機。提花機高高聳起的是花樓，中間托着的是衢盤，下面垂着的是衢腳。在花樓的正下方挖一個坑，用來安放衢腳。提花的小工，就坐在花樓的木架子上。提花機的末端用的是檥捲絲，中間用疊助木兩根，垂直穿接兩根木棍，木棍尖端分別插入織筘的兩頭。

8 有些又輕又小的布製品就不必動用提花機這個大傢伙了，只用小織機就可以了。織匠用一塊熟皮當靠背，操作時全靠腰部和臀部用力，所以小織機又叫作腰機。這樣織出來的布製品，更加整齊結實且有光澤。

11 棉花彈鬆後用木板搓成長條，再用紡車紡成棉紗，就可以「變身」成棉布了。

10 棉花去籽以後，再用懸弓來彈鬆。

9 要把棉花變成衣服的原料，需要先去除棉籽。棉籽和棉絮是粘在一起的，所以首先要將棉花放在趕車上將棉籽擠出去。

41

不可思議的 3D 打印

　　雖然現代人基本上都是用機器紡織布料和製作衣服，但有一種驚人的科技正在悄悄地潛入人們的生活——3D 打印技術。這是一種利用電腦將材料一層層堆疊，快速打印成形的高科技。起初，人們用這種技術來打印珠寶、建築模型或者假牙。漸漸地，3D 打印服裝也走進了人們的視線。

1 　先在電腦上將衣服畫出來，再標明精確的長、寬等數據，這樣機器就可以根據圖樣打印了。

2 　材料才是 3D 打印的「王道」，與棉布、絲綢等傳統材料不同，3D 打印需要使用為其「量身定做」的特殊材料，如樹脂、塑膠等。

3 　打印機根據電腦中的數據信息，用備好的材料將衣服的形狀、輪廓逐層打印出來，再將打印出來的各個零件黏合起來，一件 3D 衣服就製作完成了。

第七章

彰施

（染色）

天上的雲霞是千姿百態的，地上的花草是五顏六色的。要是這些繽紛的色彩與美麗的圖案都能染入布料，變成漂亮的衣服穿在身上，該有多好呀！古人這樣一想，就開始琢磨起這個事兒了。

很快，人們找到了染布的方法，甚至還將飛禽走獸「抓進」了衣服中。這既是人類的智慧，也有大自然的功勞啊！

3 將紅花餅用烏梅水煎煮出來後，再用鹼水澄清幾次，顏色就會變得非常鮮豔。

1 有一種花叫紅花，到了夏天就會開放。等到紅花徹底開放後，就可以摘下來了。記住，一定要在天剛亮紅花還帶着露水的時候摘取。

2 摘取還帶着露水的紅花，將其搗爛，用水淘洗後，裝入布袋中擰去黃汁；再次搗爛，用已發酵的淘米水淘洗，裝入布袋中擰去汁液；用青蒿覆蓋一個晚上，將其捏成薄餅狀。這是中國古代用來提取大紅色的主要原料。

4 槐樹最初長出的花在還沒開放時叫作槐蕊，染綠衣服時需要用到它。採摘時，將竹筐成排放在槐樹下，然後將槐蕊收集起來，加水煮開，撈起瀝乾後捏成餅。

5 油綠色的布料就是用槐花稍微染一下，再用青礬水染成的。

45

6 茶褐色是用蓮子殼煮水染色，然後用青礬水染成的。

7 包頭青色，其實是一種深黑色。將栗子殼或蓮子殼熬煮一整天，然後撈出來將水瀝乾，再把它與鐵砂、皂礬放進鍋中煮一整夜，染料就製成了。

8 藍色可以從一種特殊的植物中提取,這種植物叫作茶藍。

9 茶藍需要在冬天的時候收割,人們將其葉子一片片摘下,放進桶裏或者缸裏,用水浸泡多天,顏色自然就出來了。

10 之後再加入石灰,攪拌幾十下,就會凝結成藍澱。水靜放以後,藍澱就會沉積在底部。

47

富有傳統魅力的紮染

　　布料上僅有繽紛的色彩，還不能滿足人們對美的追求，人們還在琢磨，能不能在衣服上開出燦爛的花朵呢？能不能多一些神祕的圖案呢？於是，一種名為紮染的技術便誕生了。紮染技術是中國一項傳統而極富魅力的染色技術。

1 　先將需要紮染的布料浸泡在水中，加入漂白粉，讓它變成潔白的「畫紙」。

2 在布料的邊角打上結，或者用線繩把布料捆綁起來，又或者將它摺疊起來，總之就是不能讓它舒舒坦坦地平攤着！

3 　將這些被綁得奇奇怪怪的布料扔進染缸。不同顏色的染缸使用的材料不同，如藍色染缸裏是泡了三個月的板藍根水，顏色是深濃的藏藍。

4 　浸泡一天之後，布料就可以「出浴」了。將染好的布料放在竹蓆上濾水，拆掉紮結的線，打開那些糾纏在一起的結，未染透的地方就顯現出了圖案。

5 　等到布料被太陽曬得乾乾的，不再有一絲一毫的濕氣之後，奇跡就出現了。

金屬是分等級的。最貴的黃金，要比普通的黑鐵礦貴重很多。然而，如果沒有鐵質的鍋、刀、斧這些人們日常使用的工具，即使有了黃金，人們的生活也會非常不便。

金屬的另一個作用是鑄成錢幣，充當貿易往來中的流通媒介。《周禮》中說，有些官員掌有鑄錢的權力，就牢牢控制了一切貨物的命脈。

如何區分金屬的好與壞？如何辨別其價值的高與低呢？讓我們一起來看看吧！

第八章

五金

（冶金）

1 黃金是所有金屬中較為昂貴的，採金的人在山上開鑿數十米深，一看到伴金石，就可以找到金了。伴金石呈褐色，其中一頭好像被火燒黑了一樣。

2 開採銀礦是個巨大的工程。先要找到一些藏着銀礦的山，通常山上會出現一堆堆微帶褐色的小石頭。銀礦埋藏得較深，而且像樹枝一樣分佈，採礦人要挖很深才能找到銀子的蹤跡。能煉出銀的礦石叫作礁，細碎的叫作砂，礁砂被挖出來之後就要熔煉了。

3 礁砂在入爐之前，先要洗一洗。煉銀的爐子是用土築成的，爐底下鋪上一些瓷屑和炭灰。爐旁還要砌一道磚牆，風箱就安裝在牆背，由兩三個人拉動鼓風。磚牆是用來隔熱的，這樣才能避免烘烤到拉風箱的人。如果火力足夠，爐裏的礁砂就會熔化成團，因為銀礦中常常含有鉛。這時，銀和鉛還沒有被分離開來。

4 將熔化的礦石冷卻後取出，放入分金爐裏，透過一個小門辨別火力的大小。當達到一定的溫度時，礦石會重新熔化，鉛就沉到爐底，這樣就可以提煉出純銀來了。

5 把可能摻加銅、鉛的碎銀鑄成完整的大塊銀時，需除去銀裏的雜質。將銀放在坩堝裏，送進爐裏用猛火熔煉，撒上一點兒硝石，裏面的雜質便沉在坩堝底了，這就是銀鏽。再經過分金爐，最後就得到了純度更好的銀。

8 全國各地都有鐵礦，而且很多都在淺層地面，不需要挖洞，所以鐵的出產量較高。深一點兒的鐵礦石，在下雨地濕的時候，用牛犁地，也能挖出來。露在外面地表的鐵礦石，可以直接用手撿起來。

7 有的銅礦石裏也混雜着鉛，分離它們同樣很簡單：在爐上留高低兩個孔，先熔化的鉛從上孔流出，後熔化的銅從下孔流出。

6 銅礦石的形狀和光澤不一樣，有的大，有的小，有的光，有的暗。需要先把礦石夾雜着的泥沙渣滓洗去，然後入爐熔煉。

9 　煉鐵爐是用摻鹽的泥土砌成的。風箱要多人一起推拉才能鼓風。鐵礦石化成鐵水之後，就會從煉鐵爐的腰孔中流出來。腰孔在煉鐵時是用泥巴塞住的，只有在礦石化為鐵水流出時才打開。鐵水流出來後有兩條「路」可走，要麼直接流入鑄模裏，成為生鐵；要麼再被「折騰」一陣，成為熟鐵。

10 　錫礦分為山錫和水錫。山錫自然是在山中，人們不用挖很深就能找到。水錫則藏在小溪裏，通常是黑色的，細碎得像麵粉一樣。

11 　煉錫時，當火力足夠卻不能熔化錫礦石時，需要摻入少量的鉛作為引子，這樣錫才會大量熔流出來。爐旁安一根鐵管，將煉出的錫水引流到爐外。

53

真金不怕火煉

到現在人們還會把「一寸光陰一寸金」掛在嘴邊，可見千年的時光流轉並沒有使黃金退出令人追捧的舞台。在現代，機器的發明和技術的進步，為人們提煉黃金助了一臂之力。

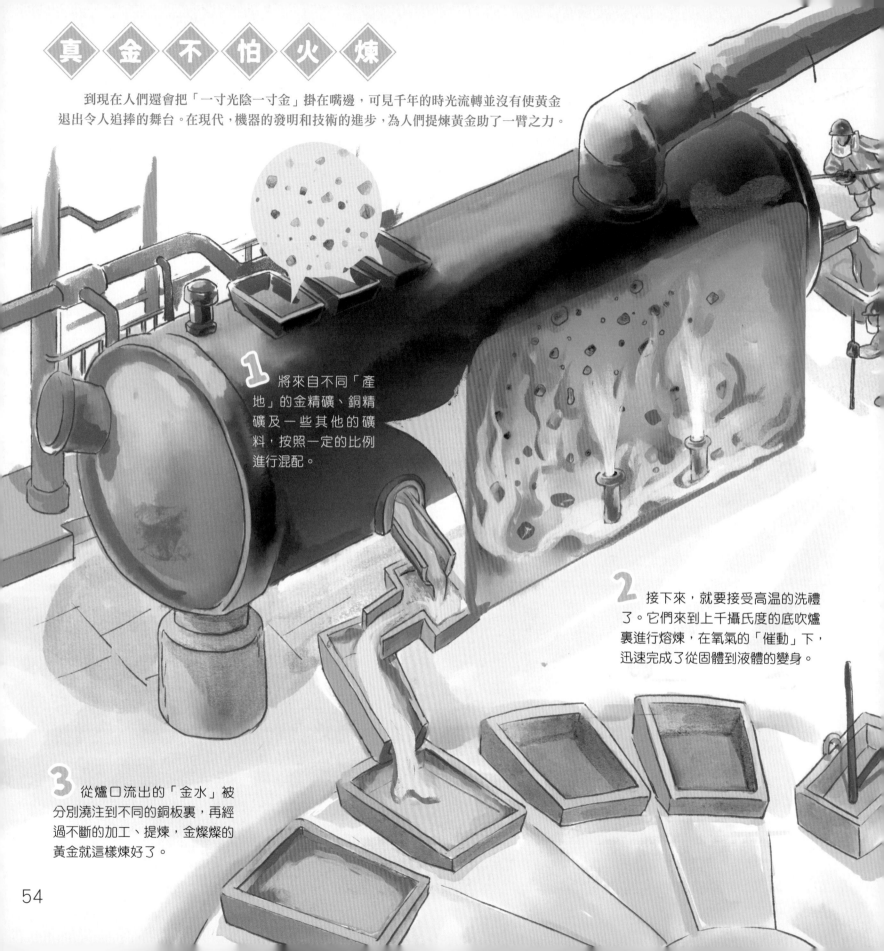

1 將來自不同「產地」的金精礦、銅精礦及一些其他的礦料，按照一定的比例進行混配。

2 接下來，就要接受高溫的洗禮了。它們來到上千攝氏度的底吹爐裏進行熔煉，在氧氣的「催動」下，迅速完成了從固體到液體的變身。

3 從爐口流出的「金水」被分別澆注到不同的銅板裏，再經過不斷的加工、提煉，金燦燦的黃金就這樣煉好了。

冶鑄的歷史非常悠久，上古的黃帝時期就有鑄造銅鼎的記錄，後來的夏禹時期，地方官員進貢金屬，幫助禹王鑄成大鼎。用火來冶鑄金屬的技術，從此一天天地發展起來了。

鑄造出來的物品，有精有粗，有大有小，作用各不相同。鈍拙的器物可以舂搗東西，鋒利的工具可以耕種田地；薄壁的鍋可以燒水煮食，中空的大鐘可以奏響美妙的樂章；虔誠的人們造出了精緻逼真的神佛銅像，心靈手巧的工匠參照月亮的輪廓造出了光滑的銅鏡……

其實，人們在冶鑄方面所能做到的，還遠不止這些。

第九章

冶鑄

（鑄造）

1 鐘是金屬樂器之首。對於鑄鐘來說，銅是上等材料，鐵是下等材料。鑄造萬斤以上的大鐘很耗費人力。先挖一個三米多深的坑，保持坑內乾燥，並把它構築得像房舍一樣。將石灰、細砂和黏土混合，倒入坑裏，做出大鐘的內模，要求內模沒有絲毫的裂縫。人們在鐘模的頂上搭建一個高棚，防止日曬雨淋。

2 等內模乾燥以後，用牛油和黃蠟塗上一層厚厚的保護膜。油蠟層塗好後，就可以在上面精雕細刻上精美的文字和圖案了。再用極細的泥粉和炭粉調成糊狀，塗抹在油蠟層上做外模。

6 鑄造千斤以內的小鐘，只要十幾個小爐子就可以了。爐子以鐵條作骨架，並用泥塑造而成。爐體下部的兩側要穿上孔，方便人們插上長木抬着移動。所有爐子都平放在土墩上，一起鼓風熔銅。銅熔化以後，人們就用長木抬起爐子，把銅液傾注進鐘模中。

5 當所有熔爐裏的銅都已經熔化時，就一齊打開出口，銅液會像水一樣沿着泥槽注入鐘模內。這樣，大鐘便鑄成功了。泥槽的兩旁還要用炭火圍起來，以防銅液半路凝固。

4 油蠟流完了，就要把銅液倒進空腔中了。鑄造大鐘很費銅料，需要在鐘模的周圍修好幾個熔爐和泥槽。泥槽的一頭是幾個熔爐的出口，另一頭則傾斜接到鐘模的澆口上。

3 等到外模的裏外都乾透變得堅固後，便用慢火烤炙。裏面的油蠟熔化後從開口處流出來，這時內外模之間的空腔便是未來大鐘成形的地方。

7

鍋是用來燒水煮飯的，人們的生活可離不開它。鑄造鍋的原料是生鐵或者廢的鑄鐵器。鑄造鍋與鑄造鐘一樣，也要先做好模具。模具乾燥以後，用泥捏造熔鐵爐。爐的背面接一條可以通到風箱的管，爐的前面有一個出鐵水的出口。生鐵熔化成鐵水以後，用鐵勺子接住鐵水，將鐵水傾注到模具裏。這時，鍋身還是通紅的，如果發現有些地方鐵水澆得不足時，就應馬上補澆少量的鐵水，直到沒有裂縫為止。

8 鑄銅錢也需要用模具，先用四根木條組成一個空框，用篩選過的細泥粉和炭灰混合後填實空框，再在上面撒少量的杉木炭灰或柳木炭灰。然後把上百枚用錫刻成的錢模排在框面上，用另一個填實細泥粉和炭灰的木框合蓋上去，就構成了銅錢的正、背兩個框模。用同樣的方法製作出多套框模，把它們疊合在一起，用繩索捆綁固定。木框的邊緣留有灌注銅液的開口，工人用鐵鉗把熔銅的坩堝從爐裏提出來，另一個人用鐵鉗托着坩堝的底部，一起把銅液注入框模中。

9 冷卻之後，打開框模。這時，只見密密麻麻的銅錢就像纍纍果實結在樹枝上一樣。最後就是銼錢了，先銼銅錢的邊沿，用竹條穿上幾百個銅錢，仔仔細細銼平那些不規則的地方。

59

鋼鐵是這樣煉成的

鐵在我們的生活中隨處可見。炒菜做飯，需要鐵鍋；出入平安，需要鐵門；建屋造房，需要鐵釘。時代越發展，越離不開鐵，那麼，現代的冶鐵技術是怎麼樣的呢？

1 將原料——鐵礦石、焦炭和石灰石按一定比例加入高爐（煉鐵爐）中，高爐下有進風口，大量的空氣從進風口吹入高爐中。

2 在高爐的不斷加熱下，堅硬的鐵礦石熔化成了液態的鐵水。

3 煉鐵時加入石灰石，是為了使鐵礦石中不容易熔化的礦料與石灰石發生反應，生成浮於鐵水之上的爐渣，這樣鐵水中的雜質就被分離出來了。

爐渣

4 液態的鐵水在高爐中積累到一定程度後，就會從爐底放出。再被運送到各個加工地，有的會直接做成鐵，有的可以加工成鋼。

有了金屬與鑄造術之後，人類就開始製作各種兵器與樂器。這些器物都是用烈火燒製而成的，可是如果沒有鉗子和錘子這些小工具的幫助，金屬很難被製作成各種精緻的造型。

大到可以在狂風巨浪中穩住船隻的千斤鐵錨，小到輕如羽毛的繡花細針，與製造大鐘的冶鑄技術相比，錘鍛技術便是另外一番絕倫的「風景」。

第十章

錘鍛

（鍛造）

2 製作鋤頭時，先把熟鐵鍛打成形，再將熔化的生鐵抹在鋤口上，燒紅放入水中冷卻後，鋤頭就會變得十分堅韌。

1 鐵質的兵器之中，薄的是刀或劍，背厚而刃薄的則是斧頭或砍刀。將生鐵燒成熟鐵，燒紅後立刻進行錘打，錘打出形狀後隨即放入水中，可以使其更加堅韌。

3 錨是船的安全守護神。每當船在航行中遇到狂風巨浪而無法靠岸停泊時，
船的安全就得依靠錨了。有的戰船或海船的錨，重量可達上萬斤。船錨的錘鍛
方法是「組合型」的：先錘出四個鐵爪子，再將鐵爪子逐一錘合到錨的身上。

5 這還沒完呢！將針放入鍋裏，用慢火炒。炒過之後，倒入泥粉、松木炭和豆豉將針掩蓋，再用火蒸。留兩三根針插在外面，作為觀察火候之用。當外面的針能用手捻成粉末時，就表明可以開封了。在涼水中冷卻後，針就做好了。

4 繡花針雖細小，但製作流程非常複雜。先將鐵片錘成細長的鐵條，然後在一根鐵尺上鑽出小孔，再將鐵條從小孔中抽過使其變成鐵線。將鐵線一截一截剪斷做成針坯，然後把針坯的一端銼尖，而另一端錘扁，用硬錐鑽出穿線的針眼，再把針的周圍銼平整。

6 金屬樂器的製作更有意思。銅鑼不用鑄造，而是在金屬熔成一團後再精心敲打而成的。人們將成團的金屬錘打成圓片，然後進行敲打使之成形。

7 在銅鑼中心打出一個凸起的圓泡，然後用冷錘定音。

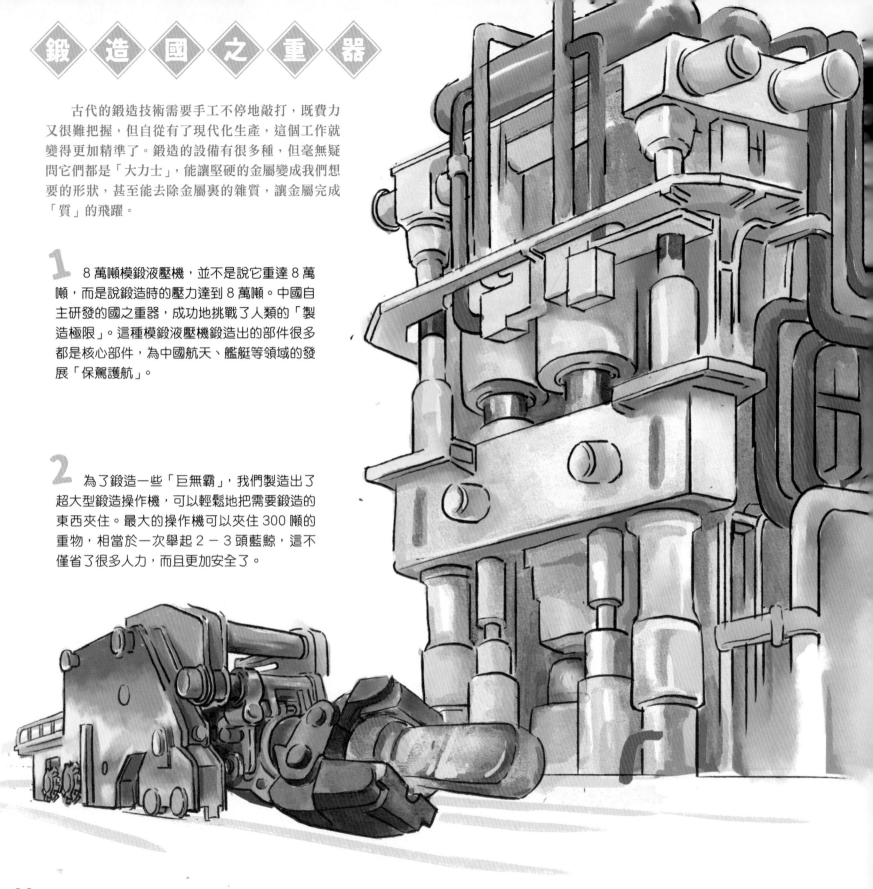

鍛造國之重器

古代的鍛造技術需要手工不停地敲打，既費力又很難把握，但自從有了現代化生產，這個工作就變得更加精準了。鍛造的設備有很多種，但毫無疑問它們都是「大力士」，能讓堅硬的金屬變成我們想要的形狀，甚至能去除金屬裏的雜質，讓金屬完成「質」的飛躍。

1 8萬噸模鍛液壓機，並不是說它重達8萬噸，而是說鍛造時的壓力達到8萬噸。中國自主研發的國之重器，成功地挑戰了人類的「製造極限」。這種模鍛液壓機鍛造出的部件很多都是核心部件，為中國航天、艦艇等領域的發展「保駕護航」。

2 為了鍛造一些「巨無霸」，我們製造出了超大型鍛造操作機，可以輕鬆地把需要鍛造的東西夾住。最大的操作機可以夾住300噸的重物，相當於一次舉起2－3頭藍鯨，這不僅省了很多人力，而且更加安全了。

都說水火是天敵，水火不相容。可是你知道嗎？就是因為水與火的完美配合，泥土才能變成堅固而精美的陶器，供千千萬萬的人使用。

房屋可以遮風避雨，是因為有磚瓦；邊疆關卡可以抵禦敵人，是因為有磚壘成的城牆；美酒能長久地保持醇香，是因為有密不透風的陶甕；更別說那些盛放祭祀用品的陶瓷祭器了。

瓷器有的輕薄似紙，有的凝白無瑕，有的如玉石一般圓潤光滑。瓷器可以說是陶器的「加強版」，外表更加光滑也更加耐磨，美麗的紋飾和光亮的色彩交相輝映，文雅美觀，讓人愛不釋手。

註 埏：意為反覆捶打、踩踏製作陶瓷的黏土。「埏埴」的意思就是用土和水製作陶器。

第十一章

陶埏

（陶瓷）

3 等泥片稍乾一些後拿下來，就自然裂成四片瓦坯了。瓦坯放入窯中燒製後，便可使用。

2 從泥墩上割出一片陶泥，將它包裹在圓桶的外壁上。

1 製造瓦片，要從半米多深的地裏選擇不含沙子的黏土作為原料。先用圓桶做一個模具，在圓桶的外壁上畫出四條等分線。把黏土和好後踩成熟泥，並堆成高的長方泥墩。

4 磚也是用黏土做成的。先用水將黏土浸透，再趕幾頭牛到黏土上反覆踩踏，將其踩成稠泥。然後把稠泥填滿木框，削平表面，取下木框後，磚坯就做成了。

5 將磚坯放入專用的磚窯裏燒，燒窯時要注意從窯門往裏面觀察火候。若是燒製帶釉光的青磚，要在窯頂堆砌一個平台，平台四周應該稍高一點兒，從上面灌水。窯頂的水從窯壁的土層滲透下來，與窯內的火相互作用，就可以形成堅實耐用的磚塊了。

6 煤炭窯要比柴窯高，頂上圓拱逐漸縮小，不封頂。窯裏面堆放直徑約為半米的煤餅，每放一層煤餅，就添放一層磚坯，最下層墊上蘆葦和柴草以便引火燒窯。

7

缸窯和瓶窯都不是建在平地上的，而是建在山岡的斜坡上，幾十個窯連在一起，一個窯比一個窯高。這樣依傍山勢，既可以避免積水，又可以使火力逐級向上滲透。窯頂的圓拱砌成之後，上面要鋪一層細土。窯頂每隔一段距離，就開一個透煙窗。最小的陶器裝入最低的窯，最大的缸則裝在最高的窯。

8

小的陶器好做，大的缸卻需要「合體」才能完成。製作大口的缸時，要先分別製成上下兩截泥坯，再將它們接合起來。接合處用木槌內外打緊。小口的罈、甕也是這樣「合體」而成的，只是裏面不好捶打，就用一個像金剛圈一樣的瓦圈承托其內壁，外面用木槌打緊。陶瓷的製作工藝更為精細，因為器物大多是圓形的，有的還有嘴和耳，這需要另外燒製好再粘上去。

9 做瓷的坯有印器和圓器兩種。印器後來又叫琢器，是不能在輪車／陶車上一次拉坯成型的器物。圓器都是人們的日常生活用品，在工具上拉坯成型。製造這種圓器坯，要先做一輛陶車。長直木一頭深埋地下，一頭露在外面，在上面上下各安一個圓盤，上面的圓盤正中放一個盔帽。撥動盤沿，陶車就會旋轉，人們再用手去捏塑坯泥的形狀。

11 瓷器坯經過畫彩和上色之後，裝入用粗泥做的匣鉢中入窯燒製。窯頂有圓孔，被稱為天窗。先從窯門生火燒，火力從下往上攻；再從天窗丟進柴火燒，火力從上往下透，火候足了就可以停止燒窯了。

10 捏製杯、盤時，用拇指按住泥底，使泥沿着拇指順勢向上展薄，便可捏出形狀。泥坯做成之後，把它翻過來罩在盔帽上，使杯底成形（即印一次）。稍曬一會兒，在泥坯還保持濕潤時，再印一次，這樣可以使泥坯的形狀圓而周正，然後把它曬乾。再蘸一次水，把帶水的泥坯放在盔帽上，用利刀修刮兩次，補齊破損的地方。做好之後就可以在上面繪畫或寫字，然後上色了。

71

不是泡沫的泡沫磚

磚瓦是用來砌房子的，一定要結實堅硬。隨着時代的發展，新技術越來越多地走進人們的生活中。相比於傳統磚瓦，新型建築材料泡沫磚具有質輕、防火等優質性能。下面我們就來看看，泡沫磚是怎麼製作的吧！

1 將水泥、石灰和砂等原料，按照一定的比例倒入專用的攪拌機中，加入水和發泡劑，使它們充分混合，變成水泥漿。

2 將攪拌好的水泥漿依次澆築到準備好的模具裏。

3 將模具送到初養室進行發泡，在一定的溫度與濕度下，讓泡沫和水泥漿充分混合。

4 經過一段時間的凝固，就可以將泡沫磚從模具裏取出來了。將它們切割成適合的大小，靜放一週，泡沫磚就製作完成了。

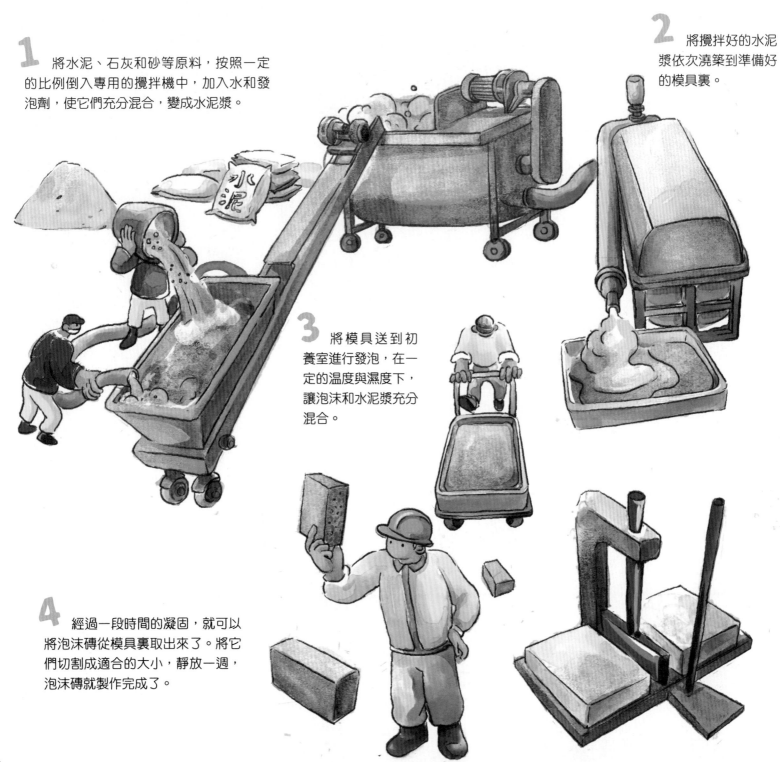

五行是指金、木、水、火、土。這裏面的「土」是非常厲害的，因為它孕育了萬物。

看似柔弱的水，其實也很強大，只要是有裂縫的地方，水就能夠滲透進去，讓東西腐壞。但如果把「石頭」焚燒煉出石灰，再強大的水也只能乾瞪眼。塗抹過石灰的船板可以防水，在波濤洶湧的大海中也能來去自如。

不同的「土」，不同的「石頭」，在烈火的焚燒中會產生不同的形態與作用。真是奇妙啊！

第十二章

燔石

（非金屬礦石燒煉）

1 煤在古代是非常重要的東西，大部分的金屬煅燒都需要它。採煤經驗豐富的人，可以通過地面上的土質情況判斷出地下是否有煤，但需要往下深挖才能找到煤。煤層出現時，會冒出大量毒氣，吸入過量毒氣會導致人死亡。但這難不倒聰明的人類，人們將大竹筒的中節鑿通，削尖竹筒末端插入煤層，等毒氣通過竹筒排出後，再下去挖煤。挖煤時，人們會用木板作為支撐，以免煤洞塌方傷到人。

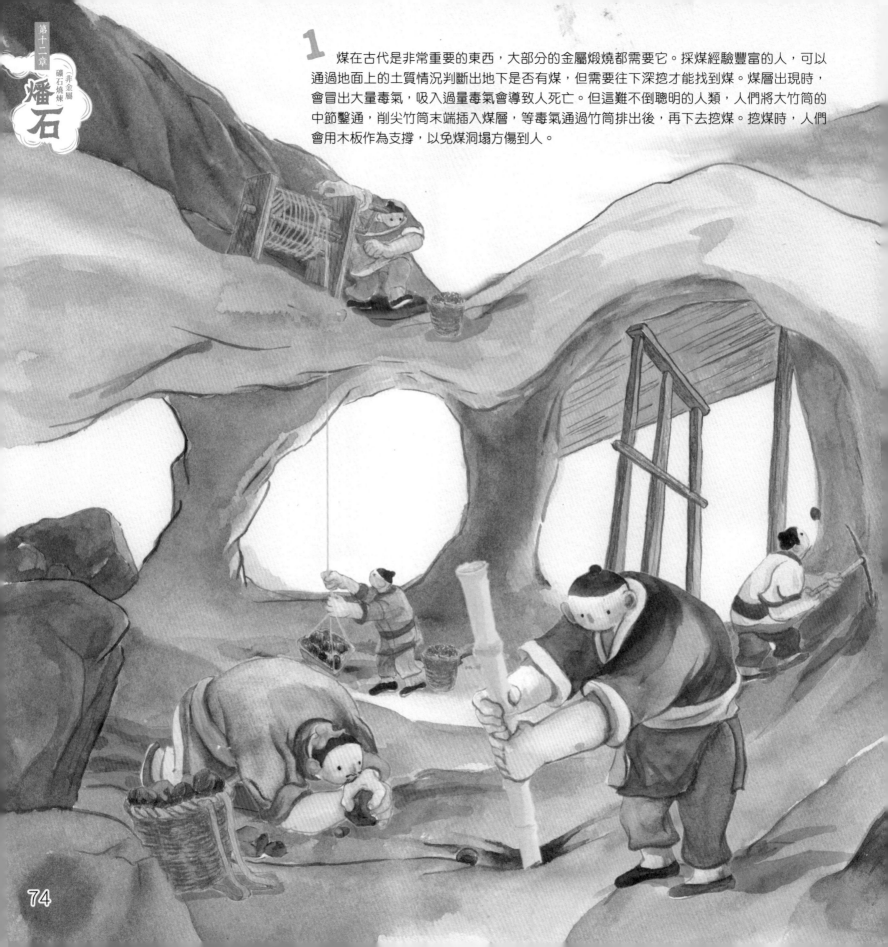

5 牡蠣的肉非常鮮美，人們在享用完牠們的美味之後，便把殼收集起來，
與煤餅堆砌在一起燒，得到的就是和石灰功能一樣的蠣灰了。

4 沿海地區很少有石灰
石，可偏偏出海打魚的人最
需要石灰來修補船隻。於
是，人們找到了一種可以用
來代替石灰石的東西——牡
蠣殼。

3 煅燒石灰石一般都會用
到煤。用煤與泥混合做成煤
餅，然後一層煤餅、一層石
灰石交替堆砌，點火煅燒。
到一定火候後，石頭就會變
脆，放在空氣中會慢慢風化
成粉末。

2 石灰是用一種叫石灰石的石頭煅燒而
成的。這種石頭一般埋在地下半米多深的地
方，青色的品質最好，黃、白色的次些。

6 硫黃是燒煉礦石時產生的液體，經過冷卻後凝固而成的，它可以用來製作火藥、農藥等。燒取硫黃的礦石與煤礦石的形狀相同，但煅燒的方法不一樣。

7 先用煤餅包裹礦石並堆疊起來，外面用泥土夯實並建造熔爐。爐子頂部中間隆起的部分留一個圓孔，隨着溫度的升高，就會有黃色的氣體從圓孔處冒出來。

9 煅燒礬也是個大工程。先把附在煤炭外層的礦石石子放入爐內，再用煤餅將其包裹住。在爐外修築一個土牆圍起來，在爐頂留出一個圓孔，讓火焰能夠從爐孔中透出。爐孔旁邊用礬渣蓋嚴實，然後從爐底生火，爐火大概要連續燒多天才能熄滅。

8 將一個中部隆起、邊緣有內捲凹槽的缽盂覆蓋在爐孔上。這其實就是一個蒸汽收集罩，硫黃的黃色蒸汽沿着爐孔上升，被缽盂擋住後冷凝成液體，沿着缽盂的內壁流入凹槽，又透過管道流進小池子，最終凝固而變成固體硫黃。

10 砒霜雖有劇毒，但非常有實用價值，不僅可以驅除農田中的鼠害，還可以防治病蟲害。

11 燒製砒霜時，先在下面挖個土窯堆放砒石，然後在土窯上面砌個彎曲的煙囪，再把鐵鍋倒過來覆蓋在煙囪上。燒窯時，煙順着煙囪排出，貼在鐵鍋的內壁上。熄滅爐火，等煙氣已經冷卻了，便再次起火燃燒。這樣反覆幾次，一直到鍋內貼滿砒霜才把鍋拿下來，打碎鍋而剝取砒霜。

礦井下的祕密

對現代人非常重要的煤礦資源,是怎麼被開採出來的呢?一般煤礦開採方式有兩種,露天開採和礦井開採。露天開採只需要將煤礦上面的岩土挖開就可以了,至於深層的礦井開採,我們來看看它是怎樣運作的吧。

1 在探明有煤炭的地方後,首先要打一個井,叫作立井,要一直打到有煤層的深度。

2 挖好立井後,會在煤層裏打很多個隧道,用來採煤。這時候,就要用到採煤機了,它將煤壁上的煤刮下來,再通過傳送裝置運送到地面。

3 在採煤的工作中,還要對隧道進行支護工作,以加固和保護隧道,做好各種保護措施,這樣才能保障煤礦工人的安全。

萬物的精華、天地的奧妙，從古代傳到現代，從中原傳到邊疆，這些精彩之處是用甚麼東西記載下來的呢？君主與臣下交換意見，老師傳授課業給學生，如果僅憑口述，恐怕難以解決所有問題。而紙，就是用來記錄文字的優良載體。

紙是以竹骨和樹皮為原料做成的。精細的紙可以著書立言，而粗糙的紙則可以糊窗擋風。

自從世上有了紙以後，幾乎人人都能從中受益。

第十三章

殺青

（造紙）

2 殺青後的竹穰已經比較柔軟了，再用優質的石灰調成漿塗在竹子上，放入鍋裏並蓋上木桶煮上八天八夜。停止加熱一天後，揭開木桶，取出煮後被稱為竹麻的物質，放到清水塘裏清洗乾淨。

1 造竹紙最好的材料，是即將生出枝葉的嫩竹。每年一到芒種時節，人們便可上山砍竹。把嫩竹截成幾段，在附近的平地上挖一口山塘，把水灌進去，浸泡竹子。浸泡一百多天後，再把竹子取出，用木棒敲打，最後洗掉竹子表面的粗殼與青皮，這一步驟就叫作殺青。

6 等到數目夠了時，就壓上一塊木板，捆上繩子並插進一根棍子，絞緊，把水分壓乾。然後用小銅鑷把紙逐張揭起，烘乾。烘焙紙張時，先用土磚砌兩堵牆形成夾巷，底下砌出一條火道，火從巷頭的爐口燃燒，熱氣充滿整個夾巷。等到夾巷外壁的磚都燒熱時，就把濕紙一張張地貼上去烘乾，揭下來的就是可以使用的紙了。

3 竹麻洗淨後，用柴灰水浸透並放入鍋內，再鋪上稻草灰。煮沸之後，就把竹麻移入另一個鍋中，繼續用柴灰水淋洗，煮沸再淋洗。這樣經過十多天後，竹麻就會腐爛發臭。之後將其放入臼內春成泥狀，倒入抄紙槽中。

4 抄紙槽像個大大的抽屜，槽內存放清水，水面高出竹麻一些，並加入紙藥水（一種植物的葉子做成的藥水），這樣做出來的紙會很白。抄紙簾是用竹絲編成的，展開時下面有木框托住。雙手拿着抄紙簾放進水中，蕩起竹漿讓它們進入抄紙簾中。

5 紙的厚薄可以靠人工來調節：輕輕地蕩，紙就薄；重重地蕩，紙就厚。拿起抄紙簾，水便從簾眼流回抄紙槽。然後把簾網翻轉，讓紙落到木板上。

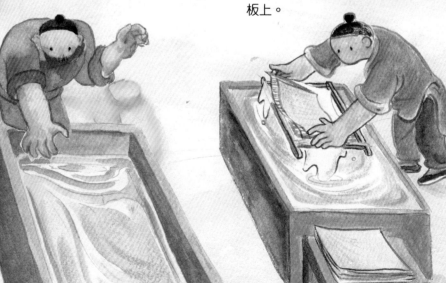

81

8 製造又長又寬的皮紙（用樹皮等韌皮纖維為原料，用於古代圖書典籍的紙），所用的抄紙槽要很寬，抄紙簾要很大，這個工作一個人幹不了，需要兩個人對抄。如果是超級大的櫺紗紙（供宮殿等建築糊門窗格的紙），則需要幾個人一起操作才行。

7 用楮樹皮造紙的最佳時期是在春末夏初。將楮樹皮、嫩竹一起放在池塘裏浸泡，然後塗上石灰漿，放到鍋裏煮爛。之後的步驟與前面提到的嫩竹造紙的步驟是一樣的。

9 傳說日本有些地方的造紙方法非常簡單，將紙料煮爛之後，把寬大的青石放在炕上，在下面燒火使石頭發熱，用刷子把紙漿薄薄地刷在青石面上，揭下來就是一張紙。

10 中國四川省還有一種「薛濤箋」，又名「浣花箋」，是用木芙蓉皮為原料，煮爛後加入芙蓉花的汁，做成的彩色小信紙。

薛濤箋

據說，這種紙是唐代女詩人——薛濤指點工匠來製作完成的，所以人稱「薛濤箋」。這種紙的優點之一是顏色好看，唐代詩人李商隱有詩云：「浣花箋紙桃花色，好好題詩詠玉鈎。」

83

樹到紙的完美變換

　　我們現在日常生活中使用的紙，也是用木材製成的。在造紙廠裏，樹木經過各種不同的工序，最終變成了紙。下面，就讓我們看看在機械化的現代，紙是如何製作的吧！

1 　　造紙的第一步是製漿，也就是說要將造紙的原材料——木材放入機器中粉碎，再加入水經過蒸煮製成紙漿。

2 　　接下來，根據紙張的韌性、顏色，甚至保存期限等所需的特性，加入適當的染料和其他添加劑進行調製。

3 　　加入一定比例的水，稀釋調製過的紙漿濃度，然後將其均勻地分佈在網上，經過脫水、乾燥等步驟，就可以讓「濕紙」變成「乾紙」。最後，人們根據需要將完整的紙張切割成合適的大小。

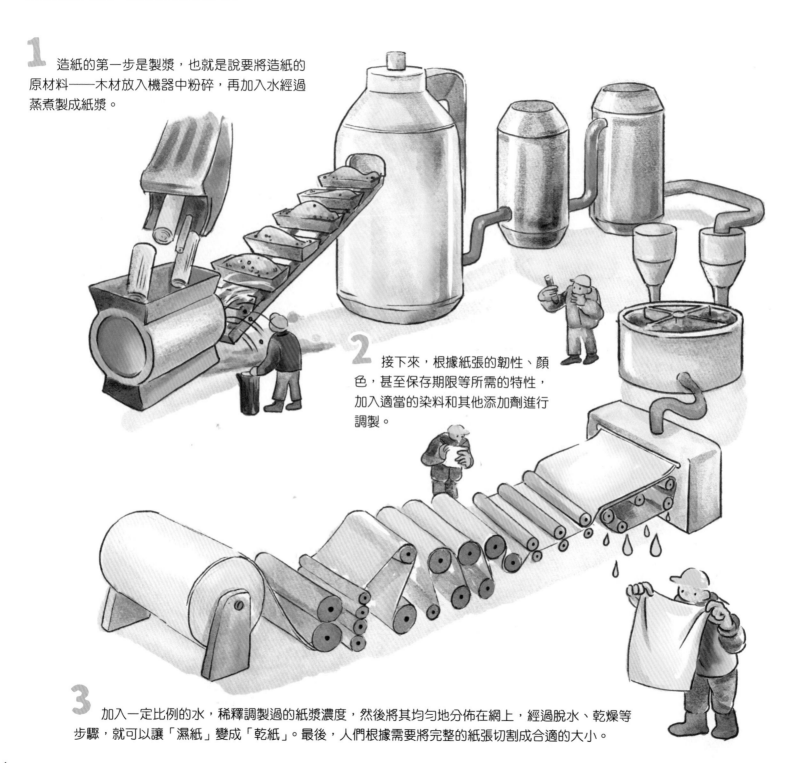

84

我們到現在還能讀到幾千年前寫的古書，筆、墨、紙、硯絕對是頭號大功臣。更妙的是，墨不僅僅是黑色的，通過水火的作用與石頭的提煉，它還能有不同的色彩，從而讓書畫五顏六色，這才有了我們現在能欣賞到的丹青畫卷。

閱讀書文，可以用赤筆在旁加以批注；臨摹萬物，以墨作畫，輔點顏料，再現形與美。顏料的調製可借水火之力，大自然的萬千變化，真是讓人敬佩不已！

第十四章

丹青

（朱墨）

1 朱砂是一種紅色的粉末，也是令人驚豔的顏料。好的朱砂礦，要挖幾十米深才能找到。最初發現的礦苗是一堆堆白石，叫作朱砂牀。

2 如果是砂質看起來很嫩，但泛有紅光的礦石，就可以放入大鐵槽中碾成粉，然後放入缸內，用清水浸泡，沉澱下來的物質曬乾後就是頭朱。

5 在鍋底下起火加熱，煅燒大約十個小時，在水罐中可得到水銀，未化盡的砂粉會附於鍋壁，可冷卻後掃下。

4 鍋上面還要倒扣另一口鍋，鍋頂留一個小孔，兩鍋的銜接處要用鹽泥密封，確保不會漏氣。鍋頂上的小孔和一支彎曲的鐵管相連，鐵管通身要用麻繩纏繞緊密，同樣塗上鹽泥密封。鐵管的另一端則通到裝有水的罐子中，使鍋中的水銀蒸汽只能到達罐子裏並冷卻。

3 水銀（汞）和朱砂來源於同樣的礦石，礦質較差的朱砂礦會用來提煉水銀。將礦石碾成粉末，加水搓成粗條，再放進鍋裏，用柴火燒。

87

6 古代，大部分的墨都是用松木燃燒後的煙灰製成的，價格不高，普通人都能買得起。

7 用桐油燒成的煙灰做的墨較貴重，需要到盛產桐油的地方去購買便宜的桐油，就地點燃，把煙灰帶回去製墨。

8 用松木的煙灰來製墨非常普遍。先讓松樹中的松脂流掉，然後把樹砍下來。要做純淨的墨就必須讓松脂流得一滴不剩才行。最好的辦法是在松木樹幹接近根部的地方鑿一個小孔，然後點燈緩緩燃燒，讓整棵樹上的松脂都流出來。

9 燒松木取煙灰時，先把松木砍成一定的尺寸，並在地上用竹篾搭建一個圓拱篷，就像小船上的遮雨篷那樣，內外和接口處都要用紙和草蓆糊緊密封。每隔一段距離，就留出一個出煙小孔。竹篷和地面接觸的地方蓋上泥土，篷內砌磚時要預先設計一個通煙火路。

10 松木在裏面一連燒上好幾天，冷卻後人們便可進去掃刮煙灰了。

從繪畫到彩泥

如今，繪畫不再只是王公貴族獨享的權利了，它走進了家家戶戶。顏料也不再像古時那樣價格昂貴、工藝複雜，我們在很多「藝術創作」中都能找到它的身影，丹青畫卷也變成了各式各樣的藝術形式。你知道我們最喜愛的環保彩泥是如何製作的嗎？

1 彩泥是膠泥的「升級版」，可以捏成各種形狀。為了能讓寶寶安全接觸，人們甚至還發明了可以吃的食用色素。

2 取一些麵粉和其他的配料放入容器中，再倒入一些水、食用油和你喜歡的食用色素，盡情地攪拌。

3 接下來就要上鍋蒸了，「麵團」瞬間變得膨脹、鬆軟。等它的「體溫」降下來之後，就可以任你創作啦！

生活中，人們不畏險阻，跨越千山、漂洋過海，為的就是相互溝通與往來貿易。居住地相隔較遠的人，為了見面，會借助車船等交通工具；運送物資，也需要借助交通工具。

這麼說來，發明車船的人真是很偉大呀！

第十五章

舟車

（車船）

2 元末明初，運米的海船叫作遮洋淺船，小一點兒的叫作鑽風船，也有人叫它海鰍，因為它像泥鰍一樣小巧、靈活。

1 中國古代從內陸河或海上運送徵收來的財物（以糧食為主）至京城或其他地方的經濟制度叫漕運。用於漕運的船隻叫漕船。漕船的船底相當於建築物的地基，船身就是它的牆壁，上面是甲板和桅杆等。大一些的漕船，要有兩根桅杆。桅杆上的風帆是用竹篾製成的，可以摺疊。通過風帆的展開程度來控制船的航行速度。

3 在江浙一帶，供人們搭載的船叫作浪船，旅客無論貧富都搭乘這種船出行。浪船即便很小，也配有窗戶和廳房。人和貨物在船裏要做到兩邊重量保持平衡，否則浪船就會傾斜，因此這種船俗稱「天平船」。

4 還有一種課船，是給官府運輸稅銀用的，就像現在我們的運鈔車。課船的船身十分狹長，前後有很多個艙，每個艙只有一個鋪位那麼大。

5 在《天工開物》面世的明末，陸地上跑的大部分是騾馬車。騾馬車有四輪的，也有雙輪的，車上面的承載支架是從軸那裏連接上去的。

6 兩輪的騾馬車停馬脫駕時，要用短木向前抵住地面來支撐，否則車就會向前傾倒。

7 四輪騾馬車的駕車人，站在車廂高處掌鞭駕車，手執的長鞭是用麻繩做的，看到有不賣力氣的騾馬，就揮鞭打到牠的身上。車在行進時，如果前面遇到行人要停車讓路，駕車人立即發出吆喝聲，騾馬就會停下來。

8 北方有一種獨輪車，驢子在前面拉，人在後面推，不習慣騎坐在馬背上的旅客常常租用這種車。車的座位上有拱形蓆頂，可以擋風和遮陽，旅客一定要兩邊對坐，不然車子就會因為失去平衡而傾倒。

9 南方的獨輪推車就只能靠一個人推，如果遇到坎坷不平的路就很難通過。

現代的車船

　　從人類解放「雙腳」，馴服動物作為出行的「動力」，到將燃料注入發動機，實現「上天入地」的夢想，交通工具一直處於飛速發展的狀態。那麼，它們是如何被生產出來的呢？

1 「沖壓」就是將鋼板切成合適的、固定的形狀。一輛普通的家用汽車，通常由上萬個零件組成。每一個零件都有一個固定的模具，只要把模具放到衝壓機上，就可以得到各種各樣的「完美」零件。

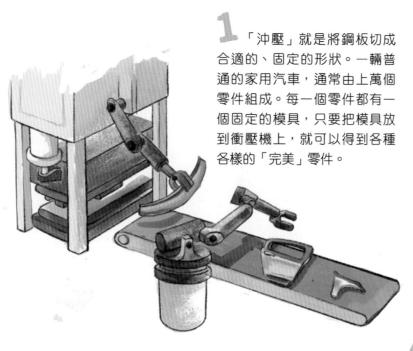

2 沖壓得到的零件會被組裝成車身。這時，一輛汽車的雛形就誕生了。

4 最後就是總裝了，將發動機、儀錶盤、座椅等各個零件都組裝進去，讓它們「各歸其位，各盡其職」，做好隨時上路飛馳的準備。

3 人靠「衣裝」，車靠「靚裝」，不僅要給車身做「防衰老」處理，還要化上精美的「妝容」，防銹、噴漆，每一個環節都不能少。

現代輪船都是鋼鐵身軀，船的內部是中空的，外面覆蓋着堅硬的「鋼鐵盔甲」。造船和造車的工藝有異曲同工之妙，人們先把船的設計圖紙畫出來，按照這個「素描版」生產出需要的零件，再依次組裝、搭建。

5 早期的輪船是有輪子的，就是通過像水車一樣的輪子轉動讓船前進的，所以叫作輪船。後來，輪船「升級」了，裝上了發動機、螺旋槳，輪子也因此光榮「退休」了，但「輪船」這個名字沒有變，一直流傳到今天。

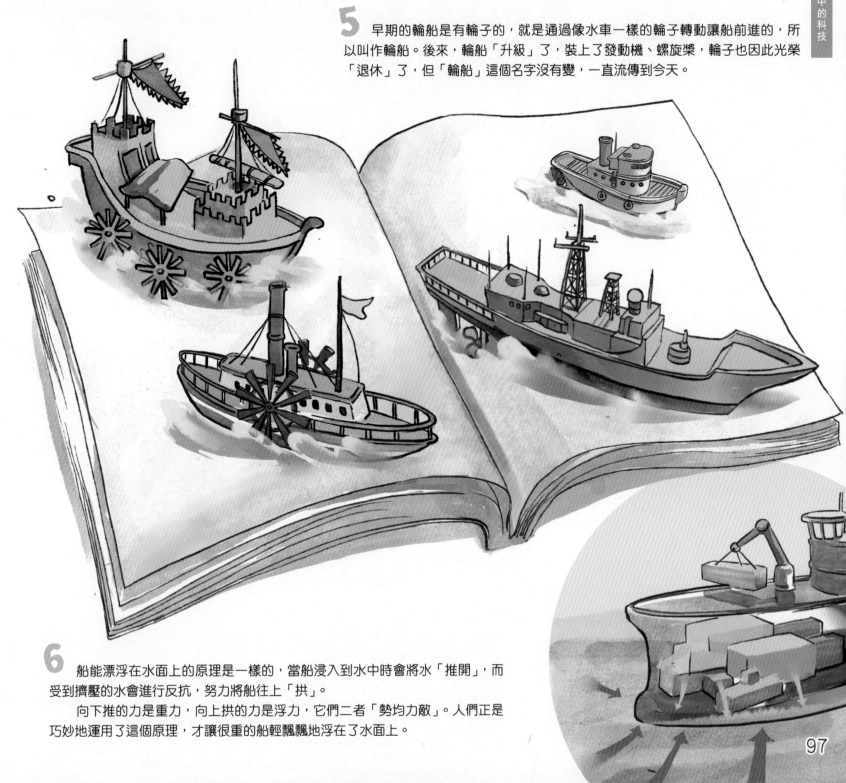

6 船能漂浮在水面上的原理是一樣的，當船浸入到水中時會將水「推開」，而受到擠壓的水會進行反抗，努力將船往上「拱」。

向下推的力是重力，向上拱的力是浮力，它們二者「勢均力敵」。人們正是巧妙地運用了這個原理，才讓很重的船輕飄飄地浮在了水面上。

7 「雪龍 2」號是中國第一艘自主建造的極地科學考察破冰船。「雪龍 2」號光船長就有 120 多米，船頭、船尾都可以破冰，甚至能在極區完成原地 360°自由轉動等高難度動作。

8 「無人駕駛」在古人看來彷彿是天方夜譚，但在人工智能的催化下，它逐步進入人們的生活。無人駕駛汽車能夠自主駕駛，通過「隱形的眼睛」——傳感系統感知周圍的道路環境。

《道德經》中有言：「夫兵者，不祥之器，物或惡之，故有道者不處。」意思就是說，兵器是不吉祥的東西，一個賢明的君主是不會輕易使用兵器、發動戰爭的。

然而，兵器又是統治者必須儲備的物品，就算不用來發動戰爭，也要用來守家衛國。所以說，兵器是非常重要的。

第十六章

佳兵

（兵器）

1 弓坯子一般是以竹片和牛角作為主要材料，做好之後，要放在屋樑高處，地面不斷地生火烘烤。等到弓坯裏面的水分乾透後，就拿下來磨光，再添加牛筋，塗膠和上漆，這樣做出來的弓品質好。

2 牛的脊骨裏有一根細長的筋。宰殺牛以後，將這條筋取出來曬乾，用水浸泡，然後將它撕成像苧麻絲那樣的纖維狀。弓的弦就是用這種牛筋纏合而成的。

3 造弓還要按使用者的力氣大小來區分輕重。測定弓力的方法可以用重物墜住弓身，用秤鉤鉤住弓弦中點，弦滿之時，推移秤錘稱平，就可以知道弓力的大小了。

4 弩是鎮守營地的重要兵器，明代的弩有神臂弩和克敵弩，都能同時發出兩三支箭。還有一種諸葛弩，可裝十支箭。扳機一扣，箭就飛射出去了。

弓弩不同

弓和弩都是中國古代的遠程武器。拉弓時利用彈性將箭射出去。弩是弓的「升級加強版」，扣發的部件是用金屬製成的。一般來說，弩比弓的射程更遠，殺傷力更大。

101

5 水雷

水雷又叫混江龍，一般用皮囊包裹炮藥，再用漆密封後沉入水底，岸上用引線來控制。皮囊裏掛有火石和火鐮，一旦牽動引線，就會自動點火引爆，但它有個缺點——實在是太笨重了。

6 地雷

地雷被藏在泥土中，用竹管穿通引線。引爆時，地雷衝開泥土並炸裂。

7 西洋炮

西洋炮是用熟銅鑄成的，圓得像一隻銅鼓。放炮時，附近的人和馬都會被其聲音和威力嚇壞。

8 鳥銃

鳥銃很像我們現在的長槍，裝火藥的鐵槍管嵌在木托上，便於手握。如果目標被鳥銃在三十步之內打中的話，會被打得稀巴爛；五十步以外中彈的話，還能看出它們中彈前的樣子；超過一百步，鳥銃的火力就不夠了。

9 萬人敵

萬人敵是守城的首要武器，它是一種大型爆炸燃燒式武器，很適合近距離作戰，能把千軍萬馬炸得血肉橫飛。敵人攻城時，點燃引信，把萬人敵拋擲到城下。這時，萬人敵會不斷地射出火力，而且旋轉起來。

千里尋蹤的現代武器

國防是國家安全的重要保障，現代武器的比拚可以說是科技水平的較量，擁有高科技裝備的精良武器可以起到至關重要的作用。其中，最具代表性的就數「戰鬥力」十足的導彈了。

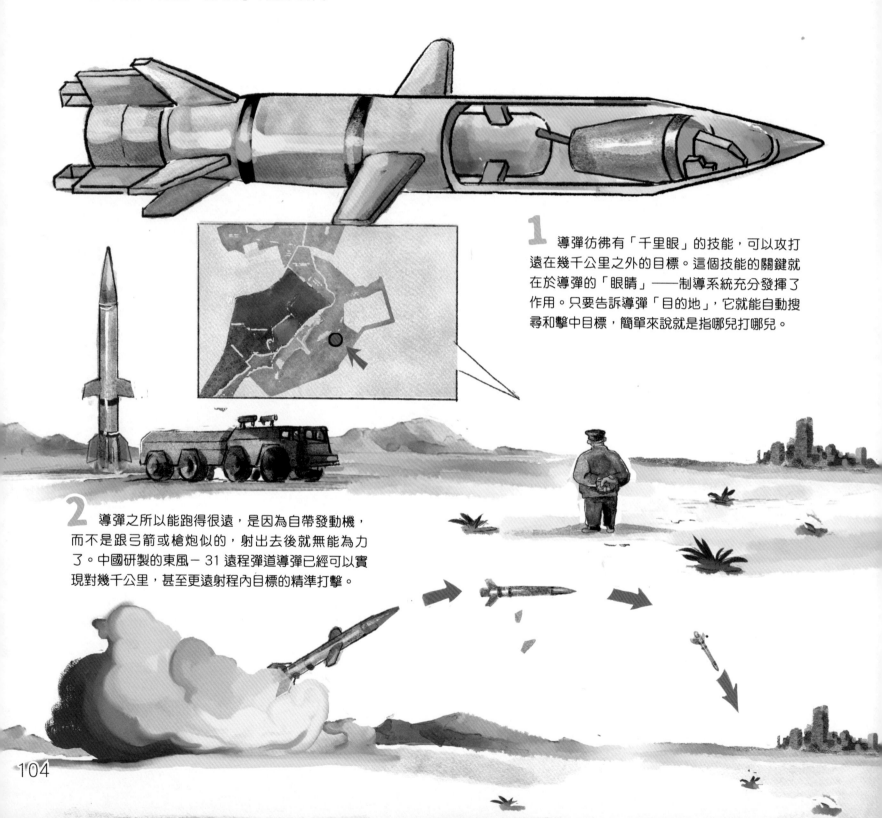

1 導彈彷彿有「千里眼」的技能，可以攻打遠在幾千公里之外的目標。這個技能的關鍵就在於導彈的「眼睛」——制導系統充分發揮了作用。只要告訴導彈「目的地」，它就能自動搜尋和擊中目標，簡單來說就是指哪兒打哪兒。

2 導彈之所以能跑得很遠，是因為自帶發動機，而不是跟弓箭或槍炮似的，射出去後就無能為力了。中國研製的東風－31遠程彈道導彈已經可以實現對幾千公里，甚至更遠射程內目標的精準打擊。

酒，有時像個惡魔，有時像個天使。在自控能力不強的人那兒，酒就成了闖禍犯法的幫兇；在一些詩人的眼中，它卻成了寫出華美詩文的助手。

在古代，祭祀祖先、親友聚會都需要酒，而酒的釀造就需要酒麴的幫助。這種由五穀精華經水提煉、遇風變化而製成的東西，到底是怎麼做出來的呢？

第十七章

麴蘗

（酒麴）

註 麴原指發霉的穀物，蘗指發芽的穀物，它們分別可以釀造出不同的酒精飲料。二者合在一起，則指代酒麴。

2　製作紅麴用的是秈稻米。米要舂搗得十分精細，用水浸泡七天之後，氣味就會變得臭不可聞。接着，把它們放到流動的河水中漂洗乾淨。漂洗之後再蒸成飯，此時這些飯會變得香氣四溢。飯蒸到半生半熟時，就從鍋中取出，用冷水淋一次，等到冷卻以後再蒸到熟透。

1　釀酒必須要用酒麴作為酒引子。有一種能「化腐朽為神奇」的酒麴，叫紅麴。自然界中，魚和肉是兩種最容易腐爛的東西，但只要塗上紅麴，即便是在炎熱的夏天放上十來天，蒼蠅和其他蚊蟲都不會靠近。

3 趁熱飯還熱時，拌進麴種。麴種一定要用最好的紅酒糟做原料，加入馬蓼汁和明礬水。幾個人一起迅速攪拌均勻，直到飯變涼。過一段時間，等飯的溫度又逐漸上升了，就說明麴種發生作用了。拌好之後，倒進籮筐裏面，用明礬水澆一次，再分開放進篾盤中，放到架子上通風。

4 每兩個小時就要翻拌三次麴飯，連續七天，即便是在深夜也要翻拌。麴飯一開始是雪白的，一兩天後就會變成黃色，然後黃色轉為褐色，又由褐色轉為紅褐色，再由紅褐色轉為紅色，到了最紅的時候再轉回微黃色。這樣製成的紅麴，其價值和功效比一般的酒麴要高。

麴為酒之骨

現代酒的種類非常多，以葡萄酒為代表的水果酒，清甜可口；以白酒為代表的蒸餾酒，香醇濃烈。在釀酒的過程中，為了加快糧食的發酵速度，酒麴起着非常重要的作用。

1 挑選顆粒飽滿的穀物，如小麥、高粱等糧食作為原料，放進鍋中進行蒸煮。

2 將蒸好後的原料攤開降溫，同時拌入提前製好的酒麴，再一起埋入巨大的泥坑中進行充分發酵。

3 完成發酵使命的糧食，開始了「蒸桑拿」的新旅程。蒸餾出的混合氣體經過冷卻後，就是香氣四溢的白酒。再經過精心勾兌，便成為人們餐桌上的「杯中酒」了。

108

珠玉

第十八章

（珠寶）

人們常說，藏着玉石的山，總是閃閃發光；藏着珍珠的水，總是明媚秀麗。廣西合浦盛產珍珠，新疆和田盛產玉石，這兩個地方都非常美麗。

珍珠和玉石的出現，大大壯大了寶物的「隊伍」，它們甚至成了寶物之首。在地大物博的中國，天地之間的精華寶物又何止珍珠和玉石呢！

2 採珠的船比其他的船要寬和圓一些，船上裝載有許多草墊子。每當經過有小的漩渦的海面時，人們就把草墊子拋下去，可以破壞水流的渦旋運動，從而保證船隻的安全。然而，一旦碰到大的漩渦，這個方法的用處就很有限了。

1 珍珠產自蚌殼內，映照着月光而逐漸孕育成形，年限越長，就越珍貴。

4 宋代有一位姓李的官員發明了一種採珠網兜，他做了齒耙形狀的鐵器，底部橫放木棍用以封住網口，兩角綁上石頭沉入水底，四周圍上如同布袋子的麻繩網兜，將牽繩綁在船的兩側。這樣一來，船在水面上飛速行駛時，網兜就在水底撈蚌殼。這種辦法大大減少了採珠人的死亡。

3 採珠人先用一條長繩綁在身上，然後帶着籃子潛入水中。潛水前還要用彎型空管將口鼻罩住，並將罩子的軟皮帶包纏在耳頸之間，以便呼吸。呼吸困難時就搖動繩子，船上的人便趕快將其拉上來。採珠人出水之後，要立即用熱的毛皮織物蓋住身體，否則有可能會被凍死。

6 下井的人用長繩綁住腰部，腰間繫兩個口袋，到井底發現有寶石就趕緊撿起，將其裝入口袋內。他們的腰間繫一個大鈴鐺，一旦感覺不舒服了，就趕緊搖晃鈴鐺，上面的人便立刻把他拉上來。

5 寶石大多產自礦井中，出產寶石的礦井往往很深，有時還彌漫着像霧一樣的有害氣體，人過多吸入這種氣體的話會死亡。

7 剛採出來的寶石大小不一，從表面上看不出裏面是甚麼樣子的，只有交給琢工銼開後，才知道是甚麼寶石。

9 玉藏在石頭裏，要從石頭裏把它完整地「接生」出來可不容易。堅硬的刀刃肯定是不行的，得用柔軟的水和砂。

8 玉礦不像別的礦石那樣藏在深深的地下，而是分佈在靠近山間河源處的急流河水中。所以，採玉人不用下山洞，要在河水中工作。

10 用鐵做個圓形轉盤，將一根繩子纏繞在橫穿轉盤的棍子上，繩子的兩端各連一個踏板。將水和砂放入盆內，用腳踏動踏板，圓盤隨之旋轉，再添砂剖玉。玉石剖開後，再用一種利器——鑌鐵刀，施以精巧工藝製成玉器。

珍珠的孕育

人們對珍珠的喜愛並沒有隨着時間的流逝而減少，在技術飛速發展的今天，珍珠這種「天賜」的寶貝，變成了人們可以大量培育的日常裝飾品。

1 人們首先會挑選那些生長了一兩年，但是還沒有成年的育珠蚌，牠們的殼大而結實，可以讓小珍珠安心長大。

3 拔出針管，給蚌殼的「傷口」消毒之後，就可以將牠們好好地養起來，等珍珠長大。這就是現代的珍珠植片技術。

2 微微打開蚌殼，用針管插入蚌殼內部，將製作好的細胞小片送進去，促使珍珠的產生。

責任編輯　楊歌
裝幀設計　鄧佩儀
排版　　　鄧佩儀
印務　　　劉漢舉

天工開物
古代生活中的科技

龍逸　編著　　　傅舫　繪

出版｜中華教育

香港北角英皇道 499 號北角工業大廈 1 樓 B 室

電話：(852) 2137 2338　傳真：(852) 2713 8202

電子郵件：info@chunghwabook.com.hk

網址：http://www.chunghwabook.com.hk

發行｜香港聯合書刊物流有限公司

香港新界荃灣德士古道 220-248 號荃灣工業中心 16 樓

電話：(852) 2150 2100　傳真：(852) 2407 3062

電子郵件：info@suplogistics.com.hk

印刷｜高科技印刷集團有限公司

香港葵涌和宜合道 109 號長榮工業大廈 6 樓

版次｜2022 年 7 月第 1 版第 1 次印刷

©2022 中華教育

規格｜12 開 (250mm x 250mm)

ISBN｜978-988-8807-64-2